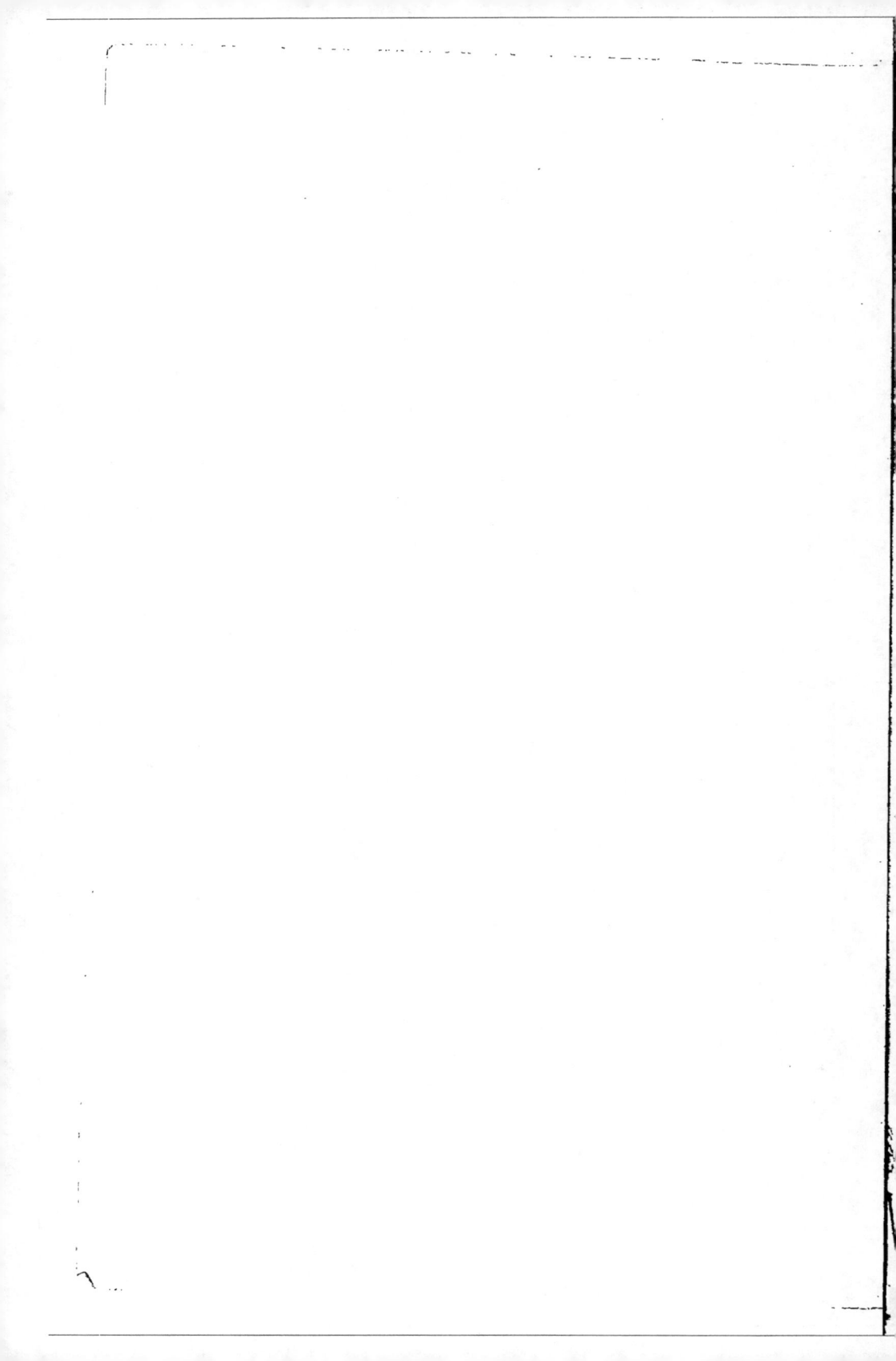

# MÉTHODE ÉLÉMENTAIRE

## DE

# PLAIN-CHANT ROMAIN

## TRADITIONNEL,

ACCOMPAGNÉE DE QUINZE GRANDS TABLEAUX
POUR L'ENSEIGNEMENT SIMULTANÉ

à l'usage des Séminaires, Colléges, Écoles Normales et Primaires

### PAR L'ABBÉ F. AUBERT,

Membre de la nouvelle Commission de Plain-Chant, Membre de la Commission
d'Examen pour l'Instruction Primaire, Aumônier du Collége
et Organiste de la Cathédrale
de Digne.

## DEUXIÈME ÉDITION

augmentée et soigneusement revue suivant les principes
qui ont servi de base aux nouvelles Éditions des Livres de Chant
de la Commission.

PRIX : 0, 75.

AU SECRÉTARIAT DE LA COMMISSION.

—

MDCCCLX.

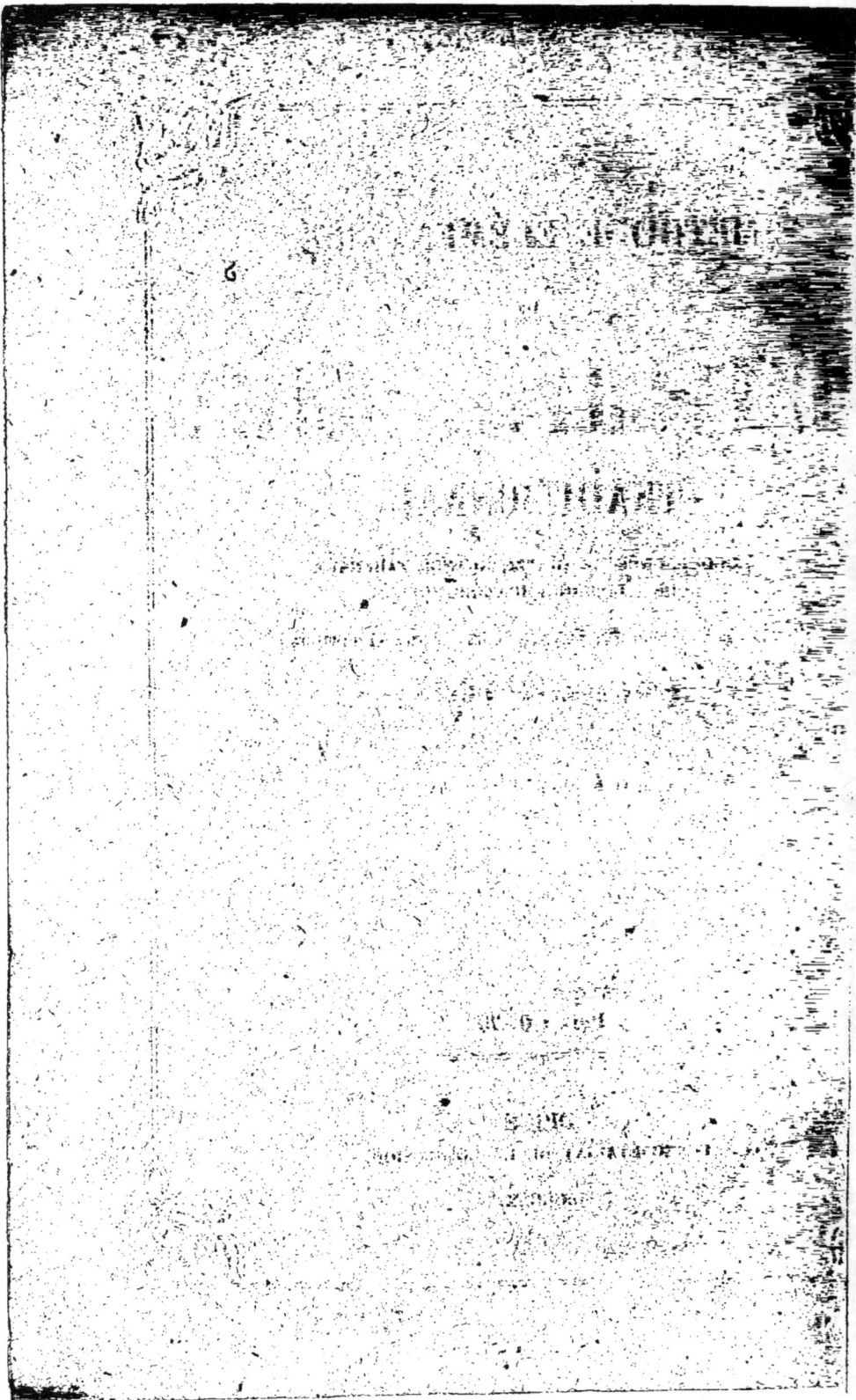

# MÉTHODE ÉLÉMENTAIRE

## DE

# PLAIN-CHANT ROMAIN

C.

# MÉTHODE ÉLÉMENTAIRE

## DE

# PLAIN-CHANT ROMAIN

## TRADITIONNEL,

ACCOMPAGNÉE DE QUINZE GRANDS TABLEAUX
POUR L'ENSEIGNEMENT SIMULTANÉ

à l'usage des Séminaires, Colléges, Écoles Normales et Primaires

## PAR L'ABBÉ F. AUBERT,

Membre de la nouvelle Commission de Plain-Chant, Membre de la Commission
d'Examen pour l'Instruction Primaire, Aumônier du Collége
et Organiste de la Cathédrale
de Digne.

## DEUXIÈME ÉDITION

augmentée et soigneusement revue suivant les principes
qui ont servi de base aux nouvelles Éditions des Livres de Chant
de la Commission.

DIGNE
AU SECRÉTARIAT DE LA COMMISSION.
—
MDCCCLX.

# Vu et permis d'Imprimer :

✝ MARIE-JULIEN, Év. de Digne.

Par Mandement de Monseigneur :

P. Alphonse , *Chan. hon. Secrét.*

# AVANT-PROPOS.

Le chant liturgique de l'Église Catholique d'Occident a traversé bien des phases et subi bien des épreuves.

Simple à son origine, si simple même, dit un Père de l'Église, qu'il ne différait guère d'une lecture un peu accentuée, il dut emprunter à la religion des Juifs certaines formules qui furent nécessairement modifiées par la musique gréco-romaine dont les éléments étaient seuls connus à Rome Les catacombes lui servirent de berceau, et la ferveur chrétienne fut sa grande inspiratrice aussi bien que son principal ornement.

Peu à peu les persécutions cessèrent, et il fut possible au culte catholique d'avoir des splendeurs. Le chant religieux, rayonnement de l'enthousiasme des cœurs, prit alors des accroissements considérables, et se formula d'une manière plus caractéristique, plus musicale. Aux psaumes et aux cantiques à peine modulés s'ajoutèrent des mélodies plus ornées que chaque fidèle-musicien improvisait publiquement, sur certaines paroles de la liturgie, pour embellir le culte et reposer l'attention des frères dans la foi.

Le chant des psaumes, des cantiques, des hymnes, des improvisations et des acclamations laissa des traces dans le souvenir des premiers chrétiens. Les plus belles mélodies se propagèrent au loin, et finirent par entrer dans la liturgie officielle de l'Église de Rome.

Lorsque saint Grégoire le Grand parut sur la chaire de saint Pierre, en 590, plusieurs papes avaient déjà coordonné plus ou moins les éléments épars du texte et du chant de la liturgie; mais il était réservé à l'illustre Pontife d'inscrire son nom au fronton de cette vaste entreprise, et de mériter, à ce titre comme à bien d'autres encore, la reconnaissance de la postérité.

Cependant, on a protesté de nos jours contre ce fait historique
important. S'il faut en croire certains écrivains, non-seulement
saint Grégoire n'a pas établi à Rome une école de chantres, mais
encore il n'est l'auteur d'aucun *Antiphonaire Centon*, comme
nous l'apprend Jean le Diacre, biographe de saint Grégoire en
880 ; en sorte que c'est *par irréflexion* que l'on parle encore
aujourd'hui de *chant grégorien* L'autorité du diacre Jean, ajoute-
t-on, est la seule que l'on puisse invoquer en cette occasion,
et *elle est loin d'offrir toutes les garanties désirables.* Saint Grégoire n'a fait qu'indiquer le texte des morceaux qui doivent être
chantés. « On appelle en somme *grégorien* un chant auquel saint
« Grégoire est absolument étranger, et on semble faire de cette
« erreur un article de foi. »

On ne saurait accumuler plus d'erreurs en moins de mots, ni
avec plus d'assurance. Dans toutes ces dénégations on oublie
trop que Jean, diacre d'un pape, n'a pris la plume que par les
ordres de ce pape (1) ; que, pour écrire la vie de saint Grégoire,
il a pu et dû consulter les archives romaines ; que dans sa mo-
nographie grégorienne, il entre dans les plus minutieux détails,
et affirme que saint Grégoire a *composé, coordonné* et *constitué*
l'antiphonaire et tous les autres chants qui se disent le jour et la
nuit pendant toute l'année (*Antiphonarium aliumque cantum,*
*tam in die quam in nocte canendum, composuit, ordinavit atque*
*constituit*) ; et qu'enfin, pour donner toutes les garanties désirables à son récit, il déclare qu'au moment où il écrivait (880),
on conservait encore à Rome, avec la plus grande vénéra-
tion, l'*exemplaire authentique de l'antiphonaire du saint pape.*
Cette dernière assertion eût été démentie très-certainement par
tous ceux qui, à Rome, entendaient chaque année la lecture de
la vie de saint Grégoire par le diacre Jean, le jour de la fête du
saint, si l'*exemplaire authentique* dont il est ici question, n'eût
été qu'une fable grossière. Or, loin d'être démentie, elle se

(1) Le pape Jean VIII donna à son diacre Jean. l ordre d'écrire la vie de saint Grégoire, et la fit lire aux offices de la fête de ce saint.

trouve confirmée par deux auteurs respectables : d'abord, par Ekkehard le jeune, chroniqueur véridique de l'abbaye de Saint-Gall, mort en 996; ensuite, par Adémar ou Aymar, moine de l'abbaye de Saint-Cybard, à Angoulème, qui vivait vers l'an 1030. D'après ces deux chroniqueurs, on conservait à Saint-Gall et à Metz, des transcriptions exactes de l'exemplaire authentique de l'Antiphonaire de saint Grégoire, dont parle Jean. Ces copies étaient la base de l'enseignement du plain-chant à l'abbaye de Saint-Gall et dans l'école de l'église de Metz. C'est à la présence réelle de l'une de ces deux copies qu'il faut certainement rapporter cet article d'un capitulaire que Charlemagne publia en 805 : « Ut cantus discatur, et secundum ordinem et morem Romanæ Ecclesiæ fiat ; et *ut cantores de Mettis revertantur* (Baluze, *Capitularia Regum Francorum*, tom. 1, p. 421; ibid., tom. 1, p. 965). » — On trouve encore d'autres preuves irrécusables de l'action positive de saint Grégoire sur la *composition* et la *centonisation* du chant ecclésiastique. Bède le Vénérable, mort en 735 et contemporain de saint Grégoire, nous apprend au chapitre XX du cinquième livre de son *Histoire Ecclésiastique*, que l'évêque Acca fit venir en 710, dans son diocèse, un chantre fameux nommé Maban, qui avait appris le chant dans le pays de Kent, sous les disciples des élèves mêmes de saint Grégoire : « *Suscepit* « *episcopatum Acca.... Cantorem egregium, nomine Maban, qui* « *a successoribus discipulorum beati papæ Gregorii in Cantia* « *fuerat cantandi sonos edoctus, ad se suosque instituendos accer-* « *siit, ac per annos duodecim tenuit*, etc. (Tome cxv de la Patro- « logie de l'abbé Migne, p. 270). » — L'illustre Gui d'Arezzo, la grande figure musicale du moyen âge, vivait à la fin du dixième siècle. Il invoque plusieurs fois l'autorité du pape saint Grégoire, notamment dans son *Prologue rhythmique* où il dit :

« *Cujus rei mihi testis est sanctus Gregorius* (1). »

Il est inutile d'insister davantage sur un fait aussi solidement

---

(1) Apud Gerberti *Scriptores*, tom. 2, p. 50.

établi, à savoir que saint Grégoire est très-réellement l'*auteur* et le *compilateur* du chant liturgique qui porte son nom.

Mais quel était ce chant? et comment était-il noté ?

D'immenses travaux récents ont mis en relief, autant qu'il est possible de le faire, la solution de ces deux questions. On sait que l'Antiphonaire de saint Grégoire était tout en notation neumatique, c'est-à-dire, avec des points, des virgules et de nombreuses combinaisons de ces deux éléments fondamentaux de l'ancienne écriture musicale. Depuis l'apparition des savantes *Études sur les anciennes notations musicales* par M. Théodore Nisard qui, le premier, a donné la clef des Neumes, jusqu'à la publication de *l'explication des Neumes* que M l'abbé Raillard vient de publier cette année, on peut dire que la question n'a guère fait de progrès. On connaît à peu près le nombre des notes qui entraient dans la formation des neumes, mais on ignore encore leur vraie valeur temporaire, et la nature réelle des divers ornements mélodiques qui en faisaient partie. Ces deux points ont cependant une très-grande importance, et il est impossible, sans eux, de se former une idée juste du chant de saint Grégoire. Les opinions qu'on nous donne sur ces choses sont si arbitraires et si contradictoires, elles mènent à des résultats si singuliers ou si impossibles, qu'elles n'ont enfanté jusqu'à présent qu'un *roman grégorien*, tandis que la science voudrait posséder *un monument authentique et compréhensible de l'œuvre de saint Grégoire*.

*Quot capita tot sensus.* Et c'est au milieu de ces discordances et de ces ténèbres que chaque archéologue ou même chaque amateur s'opiniâtre à proposer des plans sans cesse nouveaux pour une édition définitive du chant grégorien : but louable sans doute, mais illusion d'autant plus fatale, qu'elle s'appuie sur des moyens qui se heurtent et s'excluent !

Ce que l'on connaît du chant de saint Grégoire, les échantillons qu'on nous en a donnés dans ces derniers temps, et les éditions faites ou à faire pour le tirer de la poussière des manuscrits, prouvent combien grande fut la sagesse de l'épiscopat, à la suite du concile de Trente. Les pères de ce concile laissèrent au souverain Pontife seul le soin de veiller à la pureté du texte liturgique;

quant au chant, ils l'abandonnèrent en principe à l'autorité des synodes provinciaux. Or, aucun prélat n'eut alors l'idée d'exclure ce que la tradition avait conservé du chant grégorien, et de le remplacer par des compositions locales. Il ne fut pas même question de revenir aux origines du plain-chant, (il fallait le XIX° siècle pour concevoir une telle hardiesse)! On le pouvait cependant, puisqu'il s'agissait de demander à la typographie naissante des livres qui, jusque là, avaient été laborieusement écrits par des copistes, et qui manquaient partout aux besoins du culte.

En Italie, à Rome même, Paul V approuvait un *Graduel* dont les deux volumes in-folio parurent en 1614 et en 1615, à l'imprimerie Médicéenne. Guidetti avait déjà publié, en 1552, dans la même ville, son *Directorium Chori*, dont on compte huit éditions. — A Vénise, des livres de chœur parurent chez Jean Varisco et C°, en 1565, et, au commencement du siècle suivant, chez les Juntes. — En Belgique, les Plantin, les Moreti, les Verdussen se signalèrent successivement dès le dernier quart du XVI° siècle. — En Allemagne, l'imprimeur Jean Wolf se signala à la même époque, à Francfort-sur-le-Mein. — En France, apparurent aussi les produtions liturgico-musicales des frères Le Belgrand à Toul, en 1624 et en 1680 (*Graduel* et *Antiphonaire*, in folio), et, plus tard, de Robert Ballard à Paris, de Pierre Valfray a Lyon, etc., etc.

Dans ces gigantesques entreprises de la typographie, que des hommes d'une haute érudition dirigèrent sous le regard attentif de l'épiscopat, on reproduisit le chant grégorien; mais, en France surtout, ce chant fut soumis à une double révision, d'abord sous le rapport de l'accentuation latine, — ensuite sous celui de l'abréviation mélodique conçue dans de sages proportions On n'y réduisit point le chant à l'état de *squelette*, comme dans l'édition dite de Paul V, mais on lui conserva assez d'ampleur pour être apprécié par les chantres et par les fidèles qui, depuis le onzième siècle, concevaient de plus en plus les chants liturgiques comme des mélodies simples, graves et dépouillées de toute afféterie mondaine, pour l'opposer davantage aux séduc-

1 *

tions de la musique mesurée. Et d'ailleurs, l'érudition actuelle n'est point encore parvenue à nous prouver que les longueurs mélodiques qu'on remarque à chaque instant dans le chant grégorien primitif, sont et doivent rester comme des modèles d'esthétique musicale, même au point de vue religieux. On s'ingénie bien, il est vrai, à leur donner un caractère admirable à force d'interprétations arbitraires; mais nous croyons avec l'épiscopat du seizième et du dix-septième siècle, qu'en fait de discipline et surtout en fait d'art, ce qui convient à une époque peut très-bien ne pas convenir aux suivantes. Il y a des besoins réels et légitimes auxquels il faut donner satisfaction : or, le chant de la liturgie ne peut être immuable comme le dogme; s'il l'était, ce serait tout au plus dans le fond, et non dans la forme et les détails Or, on a respecté ce principe à la suite du concile de Trente, et l'expérience prouvera, nous en sommes certain, l'inanité des révolutions radicales que l'on veut faire subir aujourd'hui au chant de l'Église

Telle est la profession de foi musicale de la Commission ecclésiastique de chant romain de Digne; et c'est sous l'empire de cette conviction, que l'auteur de la présente *Méthode* a rédigé le livre élémentaire dont il publie aujourd'hui la seconde édition. Les principes y sont les mêmes que dans la première édition qui a vu le jour en 1855 : seulement on y trouvera des rectifications de détail que la polémique a sanctionnées aujourd'hui.

Membre de la nouvelle Commission de Digne, instituée en 1858 par Monseigneur Meirieu, nous avons accepté, par devoir et par conviction, la tâche qui était imposée à notre faiblesse. Si nous avons réussi, on nous permettra d'en rapporter tout l'honneur à la sage et bienveillante direction d'un Prélat dont les paternelles vertus égalent la science et la profonde érudition.

Décembre, 1859.

# MÉTHODE ÉLÉMENTAIRE
# DE PLAIN-CHANT.

## CHAPITRE 1.

### DU PLAIN-CHANT EN GÉNÉRAL ET DES SIGNES DE LA NOTATION.

#### § 1. *Du Plain-Chant en général.*

Le plain-chant est le chant de la liturgie catholique du rit latin.

L'expression *plain-chant* vient de *planus cantus* (chant plain ou plane), c'est-à-dire, égal, simple et uni dans ses modulations.

#### § 2. *Des signes de la notation.*

Le plain-chant s'écrit au moyen de certains signes qu'on appelle *signes de notation.*

Ces signes sont depuis longtemps : la *portée*, les *notes*, les *clefs*, le *guidon*, les *barres*, le *bémol*, le *bécarre*, et le *dièse*.

Jusqu'au onzième siècle on s'est servi, pour écrire le plain-chant, des premières lettres de l'Alphabet et de certains signes appelés *Neumes*. Ce fut le célèbre Gui d'Arezzo , moine de Pompose, qui, en établissant sur des lignes fixes et invariables, les neumes qui, jusque-là, n'avaient qu'une signification vague pour représenter les sons de l'échelle musicale, vint apporter la lumière dans ce cahos inextricable, et jeta les bases du système de la notation actuelle.

C'est ce que nous apprend Jean Cotton, auteur d'un traité de musique qu'il a rédigé vers la fin du onzième siècle, et dans lequel il s'attache à commenter les doctrines de Gui d'Arezzo. Le 21e chapitre du traité de Cotton y est consacré à l'utilité de la notation inventée par le moine de Pompose (1); et celui-ci, dans sa Lettre à Théodald, parle positivement de l'usage de sa notation (*nostrarum notarum usu*), et attribue sa découverte à la grâce divine (*affuit divina gratia*). Il raconte ailleurs l'admiration du pape Jean XIX à la vue de la notation de ses antiphonaires, et jette à ses adver-

---

(1) Tertius neumandi modus est a Guidone inventus Hic fit per virgas, clines qualismata, puncta, podatos, cæterasque hujusmodi notulas *suo ordine* dispositas, quas etiam meta in margine apposita multum facit expeditas .... Cur autem a Guidone inventæ sint hujusmodi neumæ, earum causa et utilitas per ea, quæ jam præmissa sunt, satis potest experiri : cum enim in usualibus neumis intervalla discerni non valeant, cantusque, qui per eas dicuntur, stabili memoriæ commendari nequeant, ideoque in cantibus plurimæ falsitates obrepant, hæ autem omnia intervalla distincte demonstrent, usque adeo, ut errorem penitus excludant, et oblivionem canendi, si semel perfecte sint cognitæ, non admitant; quis non magnam in eis utilitatem esse videat?

Qualiter autem irregulares neumæ potius errorem, quam scientiam generent, in virgulis et in clinibus, atque podatis considerari perfacile est : quoniam quidem et æqualiter omnes disponuntur, et nullus elevationis vel depositionis modus per eas exprimitur. Unde fit, ut unusquisque tales neumas pro libitu suo exaltet, aut deprimat, et ubi tu semiditonum vel diatessaron sonas, alius ibidem ditonum vel diapente faciat J. Cottonis *mus. cap.* XXI. *Patrologie* de l'abbé Migne, *tom.* CL, *p.* 1422.

saires jaloux le défi de lui prouver que sa découverte
n'a pas tous les avantages qu'il lui attribue (1).

### § 3. *De la portée*

On appelle *Portée* ou *Pattée* l'ensemble des quatre
lignes parallèles sur lesquelles et entre lesquelles
s'écrivent les notes du plain-chant (2).

Les lignes de la portée se comptent de bas en haut;
ainsi la ligne la plus basse est la première, la suivante,
en montant, est la deuxième, et la plus haute est la
quatrième.

Les notes se placent sur les lignes et entre les lignes:

(1er *Tableau.*)

Lorsque ces quatre lignes ne suffisent pas pour
l'étendue du chant, on ajoute, au-dessus et au-dessous
de la portée, de petites lignes qu'on appelle *lignes
supplémentaires*:

(1er *Tableau.*)

### § 4. *Des notes et de la gamme.*

On entend par *Notes* les signes qui se placent sur

---

(1) *Études sur les anciennes notations musicales de l'Europe*, par
M. Théodore Nisard, § VI

(2) *Portée*, parce qu'elle *porte* les notes et autres signes de l'écriture du
plain-chant. *Pattée*, parce qu'anciennement on la traçait, sur le papier, avec
une espèce de *patte* en cuivre, composée de rainures également espacées et
produisant les lignes parallèles de la portée,

les lignes et entre les lignes de la portée , et qui, par
leur position, représentent les différents degrés d'élévation ou d'abaissement des sons :

(1er *Tableau.*)

Il y a quatre figures de notes dans la notation du
plain-chant : la note carrée à queue, la double note
carrée sans queue, la simple carrée et la note losange :

(1er *Tableau.*)

Indépendamment du son musical désigné par le
corps des notes , la forme variée de celle-ci a
pour but d'en indiquer la valeur temporaire. Dans
la musique, la valeur temporaire des notes est rigou-
reuse ; dans le plain-chant, elle n'est qu'approximative.

Voici, à cet égard, les règles qui ont été suivies dans
la nouvelle édition (1858-1859) des livres de Chant
Romain de Digne :

1° Les simples notes carrées sans queue doivent être
chantées d'une manière approximativement égale ,
suivant la nature des syllabes plus ou moins fortes,
mais non accentuées , au-dessus desquelles elles se
trouvent, que ces notes soient isolées ou non sur chacune de ces syllabes. Lorsque les notes sont isolées ,
l'égalité approximative dont nous venons de parler,
est moins forte et moins sensible, car alors elle se rap-

proche beaucoup du débit oratoire , *quand celui-ci se réalise d'une manière grave et solennelle.*

2° Toute note à queue, soit isolée, soit ligaturée, suppose toujours une syllabe longue par accent grammatical ou par position. On la chante alors avec un certain appui, avec une certaine insistance de la voix, mais si l'on exagérait cet appui et cette insistance, on rendrait le chant insupportable.

3° Toute note à queue qui précède une losange isolée, doit approximativement former, selon les uns, une carrée et demie ordinaire, et la losange, une demi-carrée environ. Selon les autres, la carrée à queue et la losange doivent former à peu près, à elles deux, la valeur d'une carrée ordinaire, en donnant à la caudée trois quarts de temps, et, à la losange, un quatrième quart. Ces deux systèmes ont l'inconvénient de rendre le plain-chant ou trop lourd ou trop léger. Nous croyons qu'il est bon de prendre ici un terme moyen.

4° Si, dans un groupe de notes unies entre elles, une note à queue se présente au-dessus d'une syllabe *non accentuée*, c'est que l'intervalle qui sépare cette note de la suivante, est de plus de deux sons. Alors, la queue de la note n'est qu'un signe qui marque sa liaison avec la suivante; et, dans ce cas, elle devra être prononcée avec un peu plus d'insistance qu'une note carrée ordinaire, bien que la syllabe ne soit point accentuée, parce qu'il est certain que la voix ne franchit pas, dans le plain-chant, des intervalles de sons éloignés les uns des autres, sans appuyer quelque peu sur la première note de ces intervalles.

5° La double note carrée formant un seul corps, vaut à peu près deux carrées ordinaires.

6° La losange peut être isolée ou faire partie d'une suite de losanges descendantes comprises dans un seul groupe. Dans le premier cas, il faut observer ce qui a été dit au 3°; dans le second, les notes losanges doivent être exécutées *un peu* plus vite que les carrées ordinaires, *mais sans aucune précipitation.*

A propos de ce qui vient d'être dit touchant la valeur temporaire des figures de notes du plain-chant, il faut signaler ici quelques exceptions fort importantes. Elles ont lieu dans la notation de certaines *Hymnes* et de certaines *Proses* dont la mesure se rapproche beaucoup de notre mesure musicale actuelle. Quand la mélodie de ces hymnes ou de ces proses est syllabique, c'est-à-dire, quand chaque syllabe ne porte qu'une note, on observera les règles suivantes : 1° la note carrée vaut à peu près un temps ; 2° la note à queue placée devant une seule note carrée, vaut à peu près trois temps dans la poésie spondaïque ou dactylique, et à peu près deux temps dans la poésie trochaïque et iambique ou de rhythme ternaire ; 3° la losange isolée, dans la poésie spondaïque ou dactylique, vaut environ un quart de temps, et la note à queue qui la précède, trois quarts de temps environ ; et, dans la poésie iambique ou trochaïque, cette losange vaut approximativement un demi-temps, et la note à queue qui la précède, à peu près deux temps et demi.

Un professeur intelligent apprendra facilement, de vive voix, la pratique de ces exceptions qu'il ne faut pas exagérer, sous peine de tomber dans la musique moderne proprement dite.

Il y a, dans le plain-chant comme dans la musique, sept notes : on se sert, pour les nommer, des sept syllabes suivantes : *Ut* ou *Do*, *Ré*, *Mi*, *Fa*, *Sol*, *La*, *Si* (1).

_____

(1) Les noms *ut*, *ré*, *mi*, *fa*, *sol*, *la*, ont été inventés, dit-on, par le célèbre Gui d'Arezzo qui les avait trouvés dans la première strophe de l'hymne *Ut queant laxis*, dont le chant, à cette époque, convenait parfaitement à l'intonation de chacun d'eux :

| | |
|---|---|
| Ut queant laxis | REsonare fibris |
| MIra gestorum | FAmuli tuorum, |
| SOLve polluti | LAbii reatum, |

Sancte Joannes.

Une chose certaine, c'est que Jean Cotton que nous avons déjà cité, grand partisan de Gui d'Arezzo dont il commente les écrits, dit que, de son temps, les Anglais, les Allemands et les Français étaient les seuls qui fissent usage du nom des notes *ut*, *ré*, *mi*, *fa*, *sol*, *la*, et que *les Italiens se servaient d'autres syllabes* : « Sex sunt syllabæ, quas « ad opus musicæ assumimus, diversæ quidem apud diversos : verum « Angli, Francigenæ, Alemanni *ut*, *re*, *mi*, *fa*, *sol*, *la*. Itali autem alias « habent : quas qui nosse desiderant stipulentur ab ipsis (J. Cottonis *Tract.* « *de musica*, cap. 1, apud Gerberti scriptores, tom. 2. p. 232) » Or, Gui d'Arezzo était Italien, et s'il avait été l'inventeur du nom des notes *ut*, *ré*, *mi*, etc, Jean Cotton, son juste admirateur, n'eût pas manqué de le dire. — Mersenne rapporte dans son traité *des Harmoniques*, que Le Maire, musicien français d'une grande érudition, *assurait* de son temps avoir inventé le nom du *si* depuis trente années, c'est-à-dire vers 1605, bien que les autres artistes ne voulussent point en convenir. — Le nom de *sa* ou *za* donné anciennement au *si* quand il est bémolisé, fut introduit en France par Gilles Granjan, maître écrivain de la ville de Sens, vers 1630 : c'est encore le P Mersenne qui nous l'apprend dans l'avertissement du cinquième livre de son *Harmonie universelle*. — Quant au mot *do* que les musiciens modernes substituent à celui d'*ut*, il a été proposé pour la première fois par J.-B. Doni vers 1640.

Le *Gamme* ou éch lle mu ical , est la série des sept
not s don ous s nou d parler, auxquelles on ajoute
une huitième note qui n'est que la réplique de la
premièr à l'aigu. et qui prend l nom d'*octave :*

(1er *Tableau.*)

| *Gamme ascendante.* | *Gamme descendante.* |

ut ré mi fa sol la si ut.   ut si la sol fa mi ré ut.

Dans cette suite de notes, les unes sont à 'a d stance
d'un ton ou d'un degré entier, et les autres ne sont
séparées que par un demi-ton ou un demi-degré.

Les tons et les demi-tons sont disposés de la manière suivante :

(1er *Tableau.*)

1 *ton.*    1 *ton.*    1/2 *ton.*    1 *ton*    1 *ton.*    1 *ton.*    1/2 *ton.*

ut-ré   ré-mi   mi-fa   fa-sol   sol-la   la-si   si-ut.

Le demi-ton qui est entre *mi-fa* est fixe (1), mais celui
qui se trouve entre *si-ut* est variable, et peut changer
de place. Le bémol dont nous parlerons bientôt, baisse
le *si* d'un demi-ton, et transporte, dans ce cas, entre
*la-si*, le demi-ton qui se trouve naturellement entre
*si-ut.*

La gamme, comme nous le ferons comprendre plus
tard, en parlant de la théorie des modes, peut commencer par chacune des sept notes de l'échelle.
*Exemples :*

(1) Ce principe n'infirme en rien ce que nous aurons à dire plus tard , en
parlant du dièse. Si dans quelques cas très-rares, on doit altérer le *fa* par un
dièse, l'altération n'a jamais lieu lorsque cette note procède avec le *mi* par
degrés conjoints (*mi-fa, fa-mi*).

(1er *Tableau* )

Ut ré mi fa sol la si ut. Ré mi fa sol la si ut ré.

Mi fa sol la si ut ré mi. Fa sol la si ut ré mi fa.

Sol la si ut ré mi fa sol. La si ut ré mi fa sol la.

Le mot *gamme* vient de ce que, dans l'antiquité, la note la plus grave de l'échelle générale des sons était représentée par un *gamma* (g grec) On a fini par nommer ainsi toute suite de sons formant une octave, quelle qu'en fût la première note.

### § 5 *Des Clefs.*

On appelle *clef* le signe qui se met ordinairement en tête de la portée pour fixer la place de l'une des notes de la gamme. En partant de la note déterminée par ce signe, on trouvera facilement le nom de toutes les autres. C'est pour cela que ce signe s'appelle *clef*, parce qu'il *ouvre* en quelque sorte *la porte du chant:*

**Clef d'Ut sur la 4e ligne.**

(1er *Tableau* )

Ut si la sol fa mi ré ut

Dans cet exemple, l'*ut* se trouvant fixé par la clef sur la quatrième ligne, le *si* sera entre la troisième et la quatrième, le *la* sur la troisième, le *sol* entre la deuxième et la troisième, le *fa* sur la deuxième, le *mi*

entre la première et la deuxième, le *ré* sur la première,
et l'*ut* grave immédiatement au-dessous de la première.

Quelques auteurs emploient jusqu'à six et même
sept clefs, mais trois suffisent parfaitement pour écrire
toute sorte de plain-chant.

Ce sont la clef d'*ut* sur la troisième et la quatrième
ligne, et la clef de *fa* sur la troisième invariablement :

**(2ᵉ *Tableau*.)**

| *Clef d'Ut sur la 3ᵉ ligne.* | *Clef d'Ut sur la 4ᵉ ligne.* | *Clef de Fa sur la 3ᵉ ligne.* |
|---|---|---|
| Ut. | Ut. | Fa    ut (1). |

La clef d'*ut* sur la troisième ligne, s'emploie pour
écrire les morceaux de chant les plus élevés dans
l'échelle des sons ; la clef de *fa* pour les chants les plus
graves, et la clef d'*ut* sur la quatrième ligne, pour les
chants intermédiaires :

*Sons graves.*        *Sons intermédiaires.*    (2ᵉ *Tableau*.)

Sol la si ut.        Ut ré mi fa sol la si ut.

*Sons élevés.*

Ut ré mi fa sol la.

(1) La forme actuelle des clefs usitées en musique et en plain-chant,
n'est qu'une altération calligraphique des lettres dont on se servait primiti-
vement pour désigner les notes elles mêmes. Ainsi, la clef d'*ut* n'est qu'un c
dégénéré, lettre qui indiquait la note *ut*, et la clef de *fa* n'est qu'un f également dégénéré, lettre qui indiquait la note *fa*.

Ces trois clefs comprenant une étendue de plus de quinze degrés ou deux octaves, il est évident qu'elles sont plus que suffisantes pour noter toute espèce de mélodie, puisque, dans le plain-chant, la mélodie n'excède pas cette étendue.

### § 6. *Du Guidon.*

Le guidon est un petit signe ou demi-note à queue, qui se place maintenant à la fin de la portée. Le guidon ne se chante pas : il indique seulement au chantre qui arrive au bout de la ligne, le nom de la première note de la ligne suivante :

(2ᵉ *Tableau.*)

Fa sol fa mi fa sol

fa mi fa.

## EXERCICES (1).

—

1ᵉʳ EXERCICE. — *Notes sur les lignes :*

(2ᵉ *Tableau.*)

Ut

(1) Dans cet exercice et les suivants, on doit se borner à faire lire les notes sans les chanter.

2ᵉ EXERCICE. — *Notes dans les interlignes :*

(2ᵉ *Tableau.*)

Ut

3ᵉ EXERCICE. — *Résumé des deux précédents :*

(3ᵉ *Tableau.*)

Ut

EXERCICE POUR APPRENDRE LES NOTES EN CLEF D'UT
SUR LA TROISIÈME LIGNE.

1ᵉʳ EXERCICE. — *Notes sur les lignes :*

(3ᵉ *Tableau.*)

Ut

2ᵉ EXERCICE. — *Notes dans les interlignes.*

(5ᵉ *Tableau.*)

Ut

**8ᵉ EXERCICE. —** *Résumé des deux précédents :*

(3ᵉ *Tableau.*)

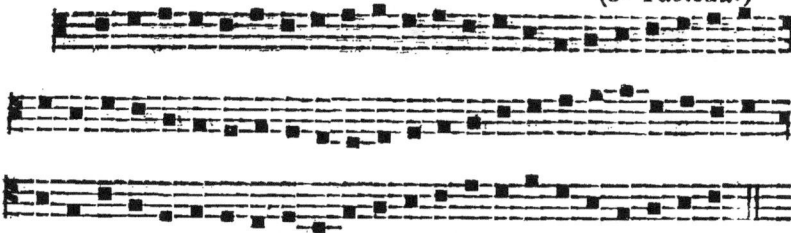

EXERCICES POUR APPRENDRE LES NOTES EN CLEF DE *FA.*

**1ᵉʳ EXERCICE. —** *Notes sur les lignes :*

(4ᵉ *Tableau.*)

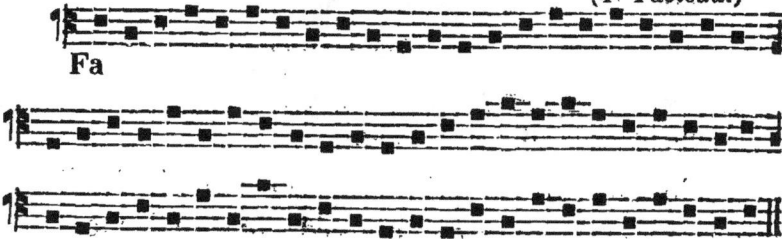

Fa

**2ᵉ EXERCICE. —** *Notes dans les interlignes :*

(4ᵉ *Tableau.*)

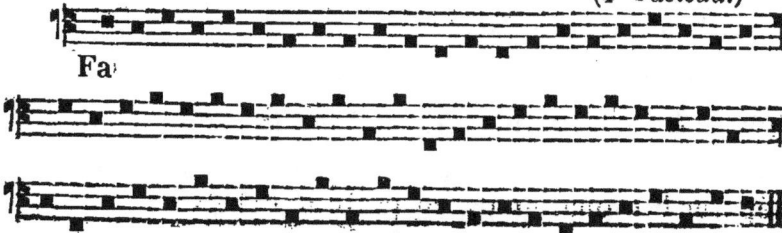

Fa

3° EXERCICE. — *Résumé des deux précédents :*

(4° *Tableau.*)

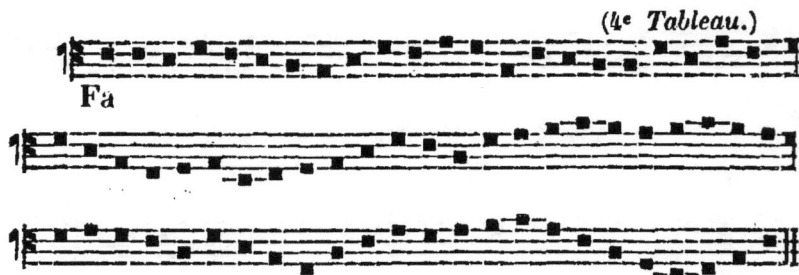

Fa

## § 7. *Des Barres et du signe de répétition.*

On appelle *barres* les lignes perpendiculaires qui traversent plus ou moins la portée.

Il y a trois espèces de barres : la petite barre ⸾, la longue barre | et la double barre ‖.

La petite barre, ou fin de mot, servait à séparer les mots dans les anciennes éditions :

(4° *Tableau.*)

Do- minus De-us noster.

La longue barre indique un repos ou la fin d'une phrase musicale dans quelques éditions modernes :

(4° *Tableau.*)

Te æ-ternum Patrem.

La double barre, dans tous les livres de chant, indique la fin d'un morceau, ou bien la reprise du chant par l'autre chœur ou par l'orgue. Elle sert encore à séparer l'intonation du corps du morceau :

(4ᵉ *Tableau.*)

Adorna tha- lamum, *etc.*

Dans la nouvelle édition des livres de chant romain de Digne, on a conservé l'emploi de la double barre dans les circonstances qui viennent d'être indiquées ; on a supprimé la p'tite barre indiquant la fin de chaque mot, ce qui est inutile avec le trait d'union qui réunit les syllabes de chaque diction ; quant aux petites barres qui servent aujourd'hui à désigner les endroits du chant où l'on peut respirer plus ou moins *d'une manière sensible*, on les y a constamment remplacées par celles qui traversent perpendiculairement toute la portée, afin de ne point multiplier des signes de petits détails dont on ne tient guère un compte exact dans la pratique. En outre, la nouvelle édition des livres de Digne offre une autre sorte de marque de silence ou respiration *sensible :* elle consiste dans l'espace qui se trouve entre chaque groupe de notes, quand une syllabe porte plusieurs de ces groupes ; l'espace tient alors lieu de barre et indique une petite respiration.

Le signe de répétition d'un fragment mélodique qui vient d'être chanté, se marque par le signe *bis* écrit en chiffres minuscules romains, de cette manière :

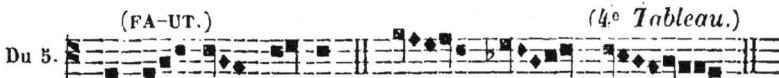

(FA-UT.)                              (4.ᵉ *Tableau.*)

Du 5.

Alle- lu- ia. ij.

**2**

## § 8. *Du Bémol, du Bécarre et du Dièse.*

Le bémol ♭ est un signe qui a la propriété de baisser d'un demi-ton ou demi-degré la note devant laquelle on le met.

Le bémol s'emploie de deux manières : dans les anciennes éditions, il se plaçait en tête du morceau et immédiatement après la clef; alors il était continu et baissait d'un demi-ton toutes les notes du morceau qui se trouvaient dans le même interligne que lui; aujourd'hui on le met seulement dans le cours de la pièce, et alors il est accidentel, c'est-à-dire qu'il n'altère que la note devant laquelle il se trouve. Si cependant, il se rencontrait plusieurs *si* dans la même phrase de chant et sur la même ligne, il suffirait pour les altérer tous, de mettre un bémol devant le premier :

**Bémol continu.**

(5e *Tableau.*)

Cœ-lestis agni nupti-as.

**Bémol accidentel.**

Laurenti-us bo-num opus.

On fait usage du bémol pour corriger la relation de triton qui est désagréable à l'oreille et tout-à-fait contraire à la tonalité du plain-chant.

On entend par *triton* l'intervalle de trois tons entiers, *fa-si*. La relation de triton est directe ou indirecte : **elle est directe lorsque les deux notes *fa-si* se succè-**

dent immédiatement, et elle est indirecte lorsque entre
ces deux notes il se trouve des notes intermédiaires,
de manière pourtant que *fa-si* soient dans la même
phrase et qu'on ne doive pas les séparer par un repos:

**Relation directe.**

(5ᵉ *Tableau.*)

Non in di-e fe-sto.

**Le même exemple corrigé par le bémol.**

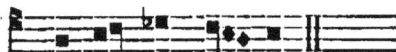

Non in di-e fe-sto.

**Relation indirecte.**

Vexil- la re- gis.

**Le même exemple corrigé par le bémol.**

Ve-xil- la re- gis.

Dans l'un comme dans l'autre cas, l'usage du bémol
est indispensable.

Le bécarre ♮ est le signe qui, placé devant le *si*,
sert à indiquer que cette note affectée antérieurement
d'un bémol, reprend sa place naturelle à un degré au-
dessus du *la*; c'est-à-dire que le bécarre détruit l'effet
du bémol :

(5ᵉ *Tableau.*)

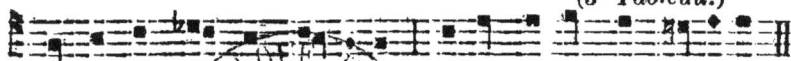

Patri si-mulque Fi- li-o, ti-bique sancte Spiri-tus.

Dans l'antique notation par lettres, le *si* était représenté par un *b*. Lorsque le *si* devait être baissé d'un demi-ton, on l'exprimait, dans la calligraphie musicale, par un *b rond, orbiculaire, mou* ou *mol*; lorsque le *si* était naturel, le corps du *b* était de forme anguleuse, et on le nommait *b dur*, *b carré* ou bécarre. Depuis longtemps, on a fait de ces deux formes de la lettre *b*, deux signes qui n'indiquent plus aucune note par eux-mêmes, mais que l'on place immédiatement avant toute note qu'on veut baisser d'un demi-ton ou replacer dans son intonation naturelle.

Le dièse ♯ ne s'écrit pas, généralement du moins, dans les livres liturgiques de plain-chant, mais il y est sous-entendu, dans certains cas, par la pratique traditionnelle des chantres, pour éviter dans le 7$^{me}$ et le 8$^{me}$ mode, la relation de triton de *si* bécarre contre *fa* naturel :

(5$^e$ *Tableau*.)

In hymnis et canticis (1).

---

(1) En admettant pour ce passage et ses analogues, l'altération du *fa*, nous sommes loin de prétendre décider en principe la grave question relative à l'emploi du dièse dans le plain-chant. De plus savants que nous ont hésité et nous n'aurions garde de nous montrer plus affirmatif. Nous nous bornons à constater la pratique commune des chantres.

# CHAPITRE II.

—

### DES INTERVALLES.

On appelle *intervalle* la distance qui sépare une note d'une autre note. Si les deux notes qui forment inter-valle se suivent immédiatement, comme *ut-ré*, le degré est *conjoint*; si, au contraire, elles sont à la distance d'une note au moins, comme *ut-mi*, le degré s'appelle *disjoint*.

L'intervalle formé par deux notes qui se suivent par degré conjoint, s'appelle *seconde*; l'intervalle formé par trois notes ut, *ré*, mi, s'appelle *tierce*; l'intervalle formé par quatre notes, ut, *ré*, *mi*, fa, s'appelle *quarte*, etc.

La répétition d'une note sur le même degré s'appelle *unisson*, et si elle a lieu à l'aigu ou au grave, elle prend le nom d'*octave*.

## TABLEAU DES INTERVALLES.

### EN MONTANT :

**Unisson. Seconde. Tierce. Quarte.** (5ᵉ *Tableau.*)

Ut-ut. Ut-ré. Ut-mi. Ut-fa.

**Quinte. Sixte. Septième. Octave.**

Ut-sol. Ut-la. Ut-si. Ut-ut.

2*

EN DESCENDANT :

**Unisson. Seconde. Tierce. Quarte.**

Ut-ut.  Ut-si.  Ut-la.  Ut-sol.

**Quinte.  Sixte.  Septième.  Octave.**

Ut-fa.  Ut-mi.  Ut-ré.  Ut-ut.

Tous les intervalles, à l'exception de l'octave, peuvent être plus ou moins grands, c'est-à-dire, majeurs ou mineurs. Les deux demi-tons sont la cause de cette différence. Il est évident qu'un intervalle qui renferme deux demi-tons, est plus petit que celui qui, composé du même nombre de degrés, n'en contient qu'un, ou n'est formé que par des tons entiers. Nous allons faire connaître cette différence.

Lorsque la seconde renferme un ton entier, elle s'appelle seconde *majeure*; et elle est *mineure*, lorsqu'elle ne contient qu'un demi-ton :

**Secondes majeures.**          (5ᵉ *Tableau.*)

Ut-ré.  Ré-mi.  Fa-sol.  Sol-la.

**Secondes mineures.**

Ut-si.  Si-la.  Fa-mi.

Lorsque la tierce renferme deux tons entiers, elle s'appelle tierce *majeure*; et elle est *mineure*, lorsqu'elle n'en contient qu'un et demi :

**Tierces majeures.**            (5ᵉ *Tableau.*)

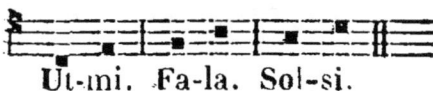

Ut-mi.  Fa-la.  Sol-si.

**Tierces mineures.**

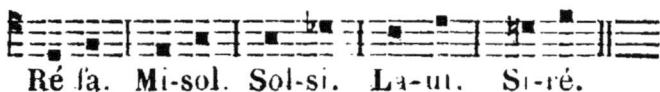

Ré fa.  Mi-sol.  Sol-si.  La-ut.  Si-ré.

On voit par ces exemples, que les trois premières tierces renferment chacune deux tons entiers ; tandis que les cinq dernières ne contiennent qu'un ton et demi.

La quarte peut renfermer deux tons et demi, ou trois tons entiers. Dans le premier cas, elle est juste, et, dans le second, elle s'appelle quarte *majeure*, *augmentée*, ou *triton* La première est seule admise dans le plain-chant, et c'est là un des caractères essentiels qui séparent la tonalité du chant de saint Grégoire de celle de la musique moderne où l'intervalle de *triton* joue un si grand rôle dans les modulations.

En conséquence, toutes les fois qu'on rencontrera l'intervalle *fa-si* naturel qui forme quarte augmentée ou *triton*, on rendra cette quarte juste en baissant le *si* d'un demi-ton, au moyen du bémol, ou en élevant le *fa* au moyen d'un dièse, selon le mode.

(6ᵉ *Tableau.*)

**Quartes justes.**        **Quartes augmentées.**

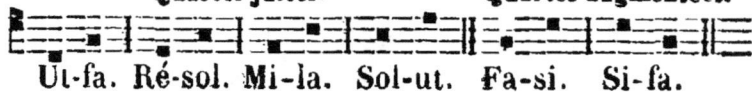

Ut-fa.  Ré-sol.  Mi-la.  Sol-ut.  Fa-si.  Si-fa.

**Quartes justes.**

Fa-si.    Si-fa.    Fa-si.    Si-fa.

La quinte juste, la seule qui doive être employée dans le plain-chant, renferme trois tons et un demi-ton. La quinte diminuée ou *fausse quinte*, ne contient que deux tons et deux demi-tons; on la rend juste au moyen du bémol ou du bécarre, suivant le cas :

(6ᵉ *Tableau.*)

**Quintes justes.**          **Quintes diminuées.**

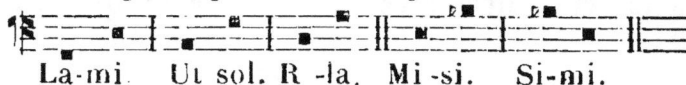

La-mi.    Ut sol. R -la.    Mi -si.    Si-mi.

**Quintes justes.**

Mi- si.    Si-mi.

Cependant, la fausse quinte, renversement du triton, n'est point bannie du plain-chant avec la même sévérité que le triton, témoin cet exemple :

De-    us, De- us    me- us.

La sixte est *majeure* ou *mineure*. La sixte majeure renferme quatre tons entiers et un demi-ton ; la sixte mineure ne contient que trois tons et deux demi-tons:

(6ᵉ *Tableau.*)

**Sixtes majeures.**    **Sixtes mineures.**

Ut-la. Ré-si.    Mi-ut. Ré-si.

La septième est également *majeure* ou *mineure :* dans le premier cas elle contient cinq tons entiers et un demi-ton; dans le second, elle ne renferme que quatre tons et deux demi-tons :

(6ᵉ *Tableau.*)

**Septièmes majeures.**     **Septièmes mineures.**

Ut-si.     Fa-mi.     Ré- ut.     Mi-ré.

L'octave est composée des sept notes de la gamme auxquelles on ajoute une huitième note qui n'est que la répétition de la première à l'aigu ou au grave.

L'octave est inaltérable et invariablement composée de cinq tons entiers et de deux demi-tons :

**Octaves.**     (6ᵉ *Tableau.*)

Ut-ut. Ré-ré.     Ut-ut.

Il faut remarquer que les intervalles de sixte, septième et octave, ne doivent pas se trouver, à cause de leur étendue, dans les pièces de chant composées d'après les règles de l'art, bien qu'on les rencontre dans la belle Prose de la Pentecôte. Les intervalles éloignés le plus en harmonie avec le caractère du plain-chant, sont ceux de quarte et de quinte justes.

# CHAPITRE III.

—

### EXERCICES.

Le moyen le plus sûr, ou plutôt l'unique moyen
pour bien apprendre à chanter, consiste dans des
exercices bien gradués et méthodiques. La connaissance des notes sur les trois clefs, l'intonation, la
valeur, et enfin l'application du chant des notes aux
syllabes du texte, sont tout autant de difficultés que
l'élève ne doit attaquer que séparément et l'une après
l'autre. C'est dans ce but, qu'après l'avoir initié à la
connaissance des notes, nous lui proposons, pour l'intonation et le chant uni à la parole, les exercices
suivants :

#### 1° De l'intonation des notes.

Chanter les notes en les nommant, c'est *solfier.*

On doit s'attacher à donner aux notes une intonation aussi juste que possible.

La voix doit émettre le son de chaque note sans
effort et surtout sans contorsion du corps et du visage.

La bouche, convenablement ouverte, ne doit émettre aucun son *nasal* ou *guttural.*

Il faut chanter purement, c'est-à-dire, ne donnant
que le son de la note, sans y ajouter de prétendus
ornements qui, presque toujours, sont de mauvais goût.

# EXERCICES D'INTONATION SUR LES DEGRÉS CONJOINTS.

## Clef d'Ut sur la 4ᵉ ligne.

(6ᵉ *Tableau*.)

## Clef d'Ut sur la 3ᵉ ligne.

(7ᵉ *Tableau*.)

## Clef de Fa.

(7ᵉ *Tableau*.)

## EXERCICES D'INTONATION SUR LES DEGRÉS DISJOINTS.

### 1er Mode.            (7e *Tableau*.)

### 3e Mode.            (8e *Tableau*.)

### 4e Mode.

### 6e Mode.

### 8e Mode.

**5e Mode.**

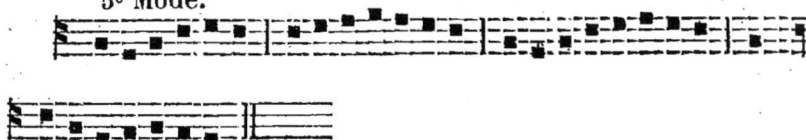

**7e Mode.**

**2e Mode.**

## EXERCICES SUR LES VALEURS.

(MI-UT.)        (9e *Tableau.*)

Du 3.

(RE-FA.)

Du 2.

## EXERCICES SUR LE BÉMOL ET LE BÉCARRE.

(9e *Tableau.*)

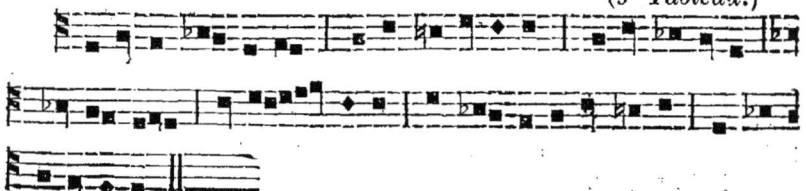

## APPLICATION DES PAROLES AUX NOTES.

L'application des paroles du texte latin aux notes du chant ne permet plus de nommer les notes : cette désignation doit alors se faire *d'une manière mentale.*

Voici quelques conseils qui ne seront pas inutiles :

1° « La manière d'appliquer la note sur la lettre, dit l'illustre Dom Jumilhac, par exemple *fa*, *sol*, *la*, sur la syllabe *Do*, du mot *Dominus*, sera d'élever les sons différents de ces trois mêmes notes sur la seule syllabe *Do*, et semblablement en prononçant les autres syllabes tant du même mot que des autres du texte ; de se ressouvenir en même temps de la qualité des notes et des intervalles qui leur répondent ; car, par le moyen de cette réflexion et de l'application mentale des notes sur les syllabes de toute sorte de dictions, l'on apprendra en peu de temps à chanter le texte avec autant de facilité que la note (1). »

2° Il faut se rappeler sans cesse que « le chant est principalement institué pour animer la lettre (*le texte*) et lui donner plus de grâce et de vigueur (2). »

---

(1) *La science et la pratique du plain-chant*, nouvelle édit. publiée par M. Théodore Nisard, Paris, in-4°, 1847, p. 268.

(2) Ibid., p. 269.

3° On liera, par l'émission vocale, les notes liées entre elles par la notation.

4° On ne respirera *d'une manière sensible* qu'en deux circonstances : d'abord, lorsqu'il y a une barre traversant la portée, et, en second lieu, entre chacune des ligatures ou réunion de notes qui appartiennent à une syllabe, quand celle-ci en a plusieurs; mais il faudra soigneusement éviter de respirer entre le dernier groupe mélodique d'une syllabe et le chant de la syllabe suivante (1), sans quoi chaque syllabe paraîtrait un mot, et produirait ce que Dom Jumilhac appelle *le point de savetier* (2).

5° On donnera aux notes la valeur temporaire approximative que nous avons indiquée au § 4 du premier chapitre de cette Méthode.

6° On ne répètera jamais la consonne d'aucune syllabe qui porte plusieurs notes, soit qu'elle commence, soit qu'elle termine la syllabe, et quels que soient les silences qu'il faille observer pour la respiration (3).

7° Les voyelles seules se répèteront en chantant chaque note du groupe mélodique qui leur appartient, mais « on se donnera bien de garde, dit Jean Millet, de prononcer les voyelles les unes pour les autres...,

---

(1) Préfaces de la nouvelle Édition du *Graduel Romain* et du *Vespéral Romain* de Digne (1858-1859).

(2) Ouvrage cité, p. 270.

(3) Dom Jumilhac, ibid. p. 270.

disant *nuster* pour *noster*..., *aremus* pour *oremus*...,
*Meria* pour *Maria*... »

L'exemple suivant permettra aux élèves studieux de
mettre en pratique tout ce qui vient d'être dit :

# CHAPITRE IV.

---

## DES MODES OU TONS (1).

La tonalité du plain-chant, renfermée originairement dans les limites d'une octave, est généralement *diatonique* ou composée des notes *ut, ré, mi, fa, sol, la, si,* sans aucune altération de ces notes naturelles.

Dans cette suite de notes, les unes sont, comme nous l'avons dit plus haut, à la distance d'un ton, comme *ut-ré, ré-mi, fa-sol, sol-la, la-si*; d'autres ne sont séparées que par un demi-ton, comme *mi-fa* et *si-ut*.

Or, dans l'origine, on disposa ces notes en sept ordres différents, de cette manière :

1° Ré, mi, fa, sol, la, si, ut, ré.
2° Mi, fa, sol, la, si, ut, ré, mi.
3° Fa, sol, la, si, ut, ré, mi, fa.
4° Sol, la, si, ut, ré, mi, fa, sol.
5° La, si, ut, ré, mi, fa, sol, la.
6° Si, ut, ré, mi, fa, sol, la, si.
7° Ut, ré, mi, fa, sol, la, si, ut.

On voit par ce tableau, que, dans chaque disposition

---

(1) Un usage assez commun appelle ton le mode; mais le véritable nom est mode, *modus*. C'est par ce mot que les Grecs exprimaient leurs diverses manières de moduler, et on doit le conserver parce que le mot *ton* a déjà assez d'acceptions différentes. *Hi sunt modi vel tropi*, dit Gui d'Arezzo (Microlog., cap. X), *quos abusive tonos nominant*. On ne se sert du mot *ton* que pour désigner le chant des psaumes.

des notes, la place des demi-tons est différente des
autres. C'est dans cette diversité que se trouve l'ori-
gine des tons ou modes du plain-chant, et c'est par
cela même que ceux-ci diffèrent de la tonalité de la
musique moderne où les demi-tons sont toujours aux
mêmes places dans chaque gamme, par l'abaissement
ou l'élévation de certaines notes, et conséquemment
par l'altération de l'ordre diatonique, qui est le fonde-
ment du chant ecclésiastique.

Les modes du plain-chant sont caractérisés par trois
choses essentielles, savoir : 1° par les limites de l'octave
où la gamme de chaque mode est renfermée, *ré-ré*,
*mi-mi*, *fa-fa*, et ainsi de suite ; 2° par la *dominante*,
c'est-à-dire, la note qui domine dans le corps de la
mélodie ; 3° enfin, par la *finale*.

Bien qu'il semble qu'il ne puisse y avoir que sept
modes, puisqu'il n'y a que sept échelles diatoniques
possibles dans les notes *ut, ré, mi, fa, sol, la, si*, il n'en
est pas ainsi, parce que la plupart des phrases du
chant sont ordinairement renfermées dans les limites
d'une quinte ou d'une quarte, c'est-à-dire dans la
partie inférieure ou supérieure de l'échelle du mode ;
car toute échelle est divisée en deux parties, à savoir,
une quinte en partant de la note grave jusqu'à la cinquième note, et une quarte depuis cette cinquième
note jusqu'à l'octave de la première. Or, la quarte et
la quinte de chaque échelle pouvant être placées dans
une position supérieure ou inférieure, il en résulte

que chaque échelle peut donner lieu à deux combinaisons tonales. Par exemple : prenant l'échelle de *ré* qui est celle du premier mode, vous aurez une quinte ascendante *ré, mi, fa, sol, la,* et en y ajoutant la quarte ascendante *la, si, ut, ré,* vous aurez le premier mode dont les limites sont *ré-ré,* et le point de division *la ;* puis, prenant la même quinte en descendant, *la, sol, fa, mi, ré,* et y ajoutant la quarte descendante *ré, ut, si, la,* vous aurez une autre gamme *la, si, ut, ré ; ré, mi, fa, sol, la,* qui est la gamme du deuxième mode dont les limites sont *la-la,* et le point de division *ré.* Or, il est facile de comprendre que cette gamme du deuxième mode n'est pas l'échelle de *la* qu'on a vue dans le tableau précédent ; car la division naturelle de celle-ci est : *la, si, ut, ré, mi ; mi, fa, sol, la ;* les limites y sont bien *la-la ;* mais le point de division est *mi,* tandis qu'il est *ré* dans la gamme du deuxième mode.

Il résulte de là que si l'on faisait la même opération sur les sept échelles, on aurait quatorze modes diatoniques dans la suite des notes *ut, ré, mi, fa, sol, la, si.* Mais ayant remarqué que les gammes de *la, si* et *ut* n'étaient qu'une transposition de celles de *ré, mi* et *fa,* et qu'au moyen d'un signe accidentel on pouvait les rendre identiques, les anciens organisateurs du plain-chant se bornèrent aux échelles de *ré, mi, fa* et *sol,* et fixèrent à huit le nombre des modes. Les quatre gammes qui ont la quarte au-dessus de la quinte furent appelées authentiques, et celles où la quarte est au-

dessous de cette quinte, eurent le nom de plagales.
Telle est la constitution des huit modes du plain-chant.

Il existe une relation étroite entre chaque mode
authentique et le mode plagal qui lui correspond ;
c'est-à-dire, entre le premier et le deuxième mode,
entre le troisième et le quatrième, entre le cinquième
et le sixième, et enfin, entre le septième et le huitième.
Ils ont la même finale, la même quarte et la même
quinte. Mais, comme nous l'avons dit plus haut, dans
le mode authentique, la quarte est à l'aigu, tandis que
dans le mode plagal, la quarte est au grave et au-
dessous de la quinte. Il suit de là que le mode plagal
descend une quarte plus bas que le mode authentique.

Quoique les divers modes du plain-chant dûssent
toujours être renfermés dans les limites d'une octave,
il est vrai de dire pourtant, que souvent ils ne les
atteignent pas, et que, quelquefois, ils les dépassent.

Celui qui n'arrive pas jusqu'aux dernières notes de
la gamme, s'appelle mode *imparfait*, et celui qui les
dépasse s'appelle mode *surabondant*.

Le mode *mixte* est celui qui participe de deux ou
de plusieurs modes, dans la même pièce de chant.

Outre la différence de l'échelle, on trouve encore
dans les modes du plain-chant, ainsi que nous l'avons
déjà dit, deux autres signes distinctifs : la dominante
et la finale.

On appelle *dominante* la note qui revient le plus
souvent, c'est-à-dire, qui domine dans le corps de la

mélodie. Les modes d'un nombre impair ou authentiques, ont pour dominante la quinte au-dessus de leur
finale, et lorsque cette quinte tombe sur la note *si*, qui
est une note variable, on l'élève d'un degré Les modes plagaux ou d'un nombre pair, ont leur dominante
à la tierce au-dessous de la dominante du mode authentique correspondant, et dans le cas où cette tierce
tomberait sur la note *si*, ils suivent la même règle que
les modes authentiques.

En conséquence, le premier mode aura pour dominante *la* et le deuxième *fa*, le troisième *ut* et le quatrième *la*, le cinquième *ut* et le sixième *la*, le septième
*ré* et le huitième *ut*. La cause de cette irrégularité est,
comme nous venons de le dire, que le *si* n'étant pas
une note fixe, ne peut être la dominante d'aucun mode.

On entend par *finale* la note par laquelle finit le
mode. Il y a quatre finales régulières : *ré* pour le premier et le deuxième mode, *mi* pour le troisième et le
quatrième, *fa* pour le cinquième et le sixième, et *sol*
pour le septième et le huitième. On appelle *irrégulier*
le mode qui finit par une autre note que sa finale
régulière.

EXERCICES SUR LES HUIT MODES DU PLAIN-CHANT.

(RE-LA.)                                    (10ᵉ Tableau.)

Du 1.

STA- TU-IT e-i Do- mi-nus te- sta-

men-tum    pa- cis, et prin-cipem fe- cit e- um :

3*

ut sit il-li sacerdoti- i di-gni-tas in

æ- ter- num.

(RE-LA.)

Du 1.

STE- TIT Ange-lus juxta

a- ram tem- pli, ha- bens thu-

ri- bulum au- re-um in ma-nu

su- a: et da- ta sunt e- i incensa mul-

ta, et ascen- dit fu- mus a-

ro- matum in conspe-ctu De- i, al-le-

lu- ia.

(11e *Tableau.*)

(RE-FA.)

Du 2.

SAL- VE sancta pa- rens, e-ni-xa pu-er-

pe-ra Re- gem : qui cœ-lum, terram- que

re- git in sæcu-la sæ- culo- rum.

(LA-UT.)

Du 2 en A.

EXULTA- BUNT san-          cti    in glo-

ri- a          lætabun-               tur          in

cu-bi-  libus su-    is.

(MI-UT.)

Du 3.

CUM  cla- ma-rem  ad Dominum, exaudi- vit

vo-cem me-          am  ab his, qui appropinquant

mi- hi ,  et humi- li- a-  vit e-    os qui est an-

te sæ-          cu-la ,  et ma- net in æ-ternum : ja-

cta  co- gitatum tu-um in Do- mino ,  et ipse

te      e- nutri- et.

(12e *Tableau*.)

(MI-LA.)

Du 4.

ECCE li- gnum Cru- cis ,  in quo sa- lus

mun-di  pepen-          dit.    Le Chœur répond : Ve- ni-

te  .  ad-o-re-          mus.

Du 5.　(FA-UT.)

EXPE- CTANS expecta- vi Dominum, et

respe- xit me : et exaudi- vit depreca-ti-

o- nem me- am, et immi- sit in os

me- um canticum no- vum, hymnum De- o

no- stro.

(12° *Tableau.*)

Du 6.　(FA-LA.)

DESI-DE- RI-UM a- nimæ e- jus tri-

bu-i-sti e- i, Domine, et vo-lunta-te labi-

o-rum e- jus non frauda- sti e- um : posu-

i- sti in ca-pi-te e- jus coro- nam de la-

pide pre- ti-o- so.

(15° *Tableau.*)

Du 7.　(SOL-RE.)

FIDE- LIS servus, et prudens, quem consti-

tu-it Domi-nus super fami- li-am su-am :

ut det il- lis in tem- pore tri-      tici

mensu- ram.

(13ᵉ *Tableau.*)

(SOL-UT.)

Du 8.

LUMEN   ad revela-ti-onem Gen-ti-um, et glo-

ri-am plebis tu-æ, Is-ra-el.

## CHAPITRE V.

—

### DU GENRE DES DIVERS MORCEAUX QUI ENTRENT DANS LA COMPOSITION DES OFFICES LITURGIQUES.

Le plain-chant embrasse trois genres : 1° celui des pièces où le chant est presque *orthophone*, suivant la belle expression de M. l'abbé Chaussier, vicaire général de Metz ; à ce genre appartient le chant des *psaumes*, de l'*épître*, de l'*évangile*, etc. ; 2° celui des morceaux rhythmiques, tels que les *hymnes* et certaines *proses*; et 3° enfin, celui des pièces de plain-chant proprement dit, comme *antiennes, introïts, versets alléluiatiques, graduels, traits, offertoires, communions*, etc.

Le chant *orthophone* ou droit ne se note pas, mais on l'exécute d'après certaines formules de mélodie très-simple qu'il faut savoir par cœur, et appliquer au texte suivant les lois rigoureuses de l'accentuation latine.

Le chant rhythmique se note généralement en entier dans les nouvelles éditions de livres de chœur ; et, pour bien l'exécuter, il faut tenir compte, non de l'accent, mais du mètre poétique qui a servi à la formation des vers ou espèces de vers latins qui en constituent le texte littéraire.

Le plain-chant proprement dit respecte les lois de l'accentuation latine, mais à un degré beaucoup moins rigoureux que le chant orthophone. Nous n'en parlerons pas davantage dans ce chapitre, parce que nous en avons donné assez d'exemples dans les chapitres qui précèdent.

### § 1. *De la Psalmodie et de ses divers tons* (1).

La *Psalmodie* est le chant des psaumes et des cantiques de l'Ancien et du Nouveau-Testament.

On distingue quatre choses dans la psalmodie : l'*intonation*, la *dominante*, la *médiation* et la *finale*.

L'intonation est la manière de commencer le Psaume ou le Cantique ; elle comprend les notes qui conduisent à la dominante.

Dans le chant férial, il n'y a pas d'intonation proprement dite : on commence le chant du psaume ou du cantique, directement, c'est-à-dire par la dominante.

On appelle *dominante* la note sur laquelle se chante le corps du verset. Elle conduit de l'intonation à la médiation, et de la médiation à la finale.

On entend par *médiation* l'inflexion que fait le chant vers le milieu du verset.

La *finale* est la manière de terminer le verset. Elle est indiquée par les voyelles des syllabes *Seculorum Amen*, *e u o u a e*, et l'antienne qui la précède, la désigne, à la suite de la détermination du mode, par une lettre majuscule ou minuscule, double, italique, accentuée ou cédillée. Ce procédé mnémonique est déjà fort ancien en France, et on l'a suivi dans

---

(1) Voir la note 1, p. 42 de cette Méthode.

la nouvelle édition des livres de Digne. Il repose sur la notation par lettres, c'est-à-dire qu'un ton psalmodique finissant sur la note *ut*, est en c; finissant en *ré*, est en d; finissant en *mi*, est en e; finissant en *fa*, est en f, etc. La lettre capitale marque que le psaume ou le cantique finit par la finale du mode qui lui correspond; la lettre minuscule désigne que cette note finale n'est pas celle du mode. Les lettres doubles, italiques, accentuées ou cédillées, n'ont pour but que d'éviter toute confusion, comme on le verra bientôt.

### OBSERVATIONS SUR LA PSALMODIE (1).

1° Une syllabe brève ne compte pas dans la formation de l'intonation, de la médiation ni de la finale; on la nomme alors *syllabe survenante*.

2° Lorsque la médiation ou la finale commence par sa note la plus élevée, et que cette note est au-dessus de la dominante, cette première note ne peut tomber sur une brève, ni sur la dernière syllabe d'un mot, ni, comme nous le dirons plus tard, sur un monosyllabe qui se lie au mot précédent. Dans le cas, au contraire, où la médiation ou la finale commencerait par une note moins élevée que la dominante, une syllabe brève et la dernière syllabe d'un mot peuvent servir à leur formation. Quand le dernier mot de la médiation est hébreu, grec indéclinable ou monosyllabe comme

---

(1) Pour ne pas couper ce qui tient à la Psalmodie, nous avons renvoyé plus loin le paragraphe qui traite plus longuement de l'accentuation.

*Ephrata, Israël, Jacob, David, sum, te, me, se, est,* etc., on arrête la médiation sur une note élevée d'un degré au-dessus de la dominante, mais seulement dans la psalmodie des deuxième, quatrième, cinquième et huitième tons.

3° Lorsqu'un verset est défectueux, c'est-à-dire, lorsqu'à partir de la médiante, il a moins de syllabes qu'il n'y a de notes dans la finale, on ne prend dans les dernières notes de cette finale, que le nombre nécessaire pour les paroles qui doivent être chantées.

## TABLEAU

DES TONS DES PSAUMES ET DES CANTIQUES, AVEC LEURS INTONATIONS, DOMINANTES, MÉDIATIONS ET FINALES.

(13<sup>e</sup> *Tableau.*)

PREMIER TON. — *intonation solennelle* (1).

*A Rome.*

Dixit Dominus Domino me-o : *

*En France.*

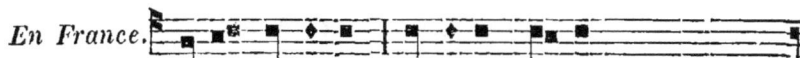

Dixit Dominus Domino me- o (*ou bien :*

En D.                          En D.

me o ) : * Sede a dextris me-is. 2. A dextris me-

(1) On chante solennellement : 1° *le premier verset* des Psaumes de Matines, Laudes et Vêpres des Fêtes du rit double ; 2° *tous les versets* des Cantiques *Magnificat* et *Benedictus* des Fêtes du même rit, et 3° *le premier verset seulement* de ces Cantiques, lorsque les Fêtes sont semi-doubles. Les Complies sont toujours du rit semi-double. Dans toutes les autres circonstances, l'intonation des Psaumes est simple.

En f.                    En g.

is. (1) 3. A dextris me- is. 4. A dextris me- is. 5.

En a.              En à.              En àà.

A dextris me-is. 6. A dextris me-is. 7. A dextris

me- is.

En D.                              En D.

Magni- ficat * anima me-a Dominum.    Anima

En f.                    En g.

me-a Dominum.    Anima me-a Dominum. Anima

Eu a.                    En à.

me-a Dominum. Anima me-a Dominum. Anima

En àà.

me-a Dominum.    Anima me-a Dominum.

*Intonation simple ou fériale.*

Dixit Dominus. * Magni-ficat. *

*Aux Fêtes solennelles, on fait, dans quelques églises, la média-tion suivante :*

Et ex- ultavit spi- ritus me- us.

(1) C'est ainsi que cette terminaison se trouve notée dans le *Directorium Chori* de J. Guidetti.

*Premier ton irrégulier, dit en A.*

In exi-tu Isra-el de Ægypto, * domus Jacob

*(ou bien :)* Jacob de populo barbaro.

### DEUXIÈME TON.

(14ᵉ *Tableau.*)

En D.

Dixit Dominus Domino me-o : * Sede a dextris

me-is. Magni- ficat * anima me-a Dominum. Et

exultavit....

*Intonation simple.*

Dixit Dominus Domino me-o. * Magni-ficat. *

*Aux Fêtes solennelles, dans quelques églises :*

Et ex-ultavit spi- ritus me- us.

*Dans quelques églises, on chante le deuxième ton suivant, en A :*

Dixit Dominus Domino me-o : * Sede a dextris

me- is.

*Chant du* Miserére *de la Chapelle Pontificale :*

Miserere me-i De- us,* secundum magnam mi-

seri- cordi- am tu- am.

TROISIÈME TON.

*A Rome.*

Dixit Dominus Domino me- o : *

*En France.*

En a.

Dixit Dominus Domino me-o : * Sede a

En à.                 En c.

dextris me- is. 2. A dextris me- is. 3. A dextris

En g.

me-is. 4. A dextris me- is.

En a.                                         En à.

Magni- ficat * anima me- a Dominum. Ani-

En c.                           En g.

ma me-a Dominum. Anima me-a Dominum. Anima

me-a Dominum. Et ex- ultavit.

*Intonation simple.*

Dixit Dominus Domino me-o. * Magni- ficat. *

*Aux Fêtes solennelles, au troisième ton :*

Magni- ficat.    Et exultavit spiri-tus me-us.

QUATRIÈME TON.

En E.

Dixit Dominus Domino me-o : * Sede a dextris

En *E.*

me-is (*ou bien*: a dextris me- is.) 2. A dextris me-is

En a.

(*ou bien* : a dextris me- is). 3  A dextris  me-is.

En g.

4. A dextris me- is.

En E.

Magni- ficat * anima me-a  Dominum (*ou bien :*

En *E.*

me- a   Dominum).  Anima me-a Dominum *ou bien* :

En a.

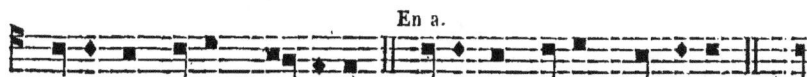

anima me-a   Dominum. Anima me-a Dominum.

En g.

Anima me-a Dominum.

*Intonation simple.*

Dixit Dominus Domino me-o : * Magni-ficat. *

## CINQUIÈME TON.

*(15ᵉ Tableau.)*

En a.

Dixit Dominus Domino me-o : * Sede a dextris

me-is.

Magni-ficat * anima me-a Dominum.

*Intonation simple.*

Dixit Dominus Domino me-o. * Magni-ficat.

*Dans beaucoup d'églises, on chante le cinquième ton suivant, dont la formule est populaire en France.*

Dixit Dominus Domino me-o : * Sede a dex-

tris me-is.

## SIXIÈME TON.

*À Rome.*

Dixit Dominus Domino me-o : *

*En France.*

Dixit Dominus Domino me- o ( ou bien :

me-o) : * Sede a dextris me-is.

Magni-ficat * anima mé-a Dominum. Et ex-

ultavit.

*Aux Fêtes solennelles :*

Et ex-ultavit  spi- ritus me- us.

*Intonation simple.*

Dixit  Dominus Domino me- o (*ou bien :* me-o. *

Magni-ficat. *

*Dans quelques églises, on chante le sixième ton suivant :*

Dixit  Dominus Domino me-o : * Sede a dex-

tris me- is.

En a.

Di-xit Dominus Domino me-o : * Sede a dextris

En b.          En c.              En ç.

me-is. 2. A dextris me-is. 3. A dextris  me-is. 4. A

En d.

dextris  me-is. 5. A dextris me-is (*ou bien:* me- is).

En a.                En b.

Magni- ficat * anima me-a Dominum.  Anima

En c.                En ç.

me-a Dominum.  Anima me-a Dominum.  Anima

En d.

me-a Dominum.  Anima me-a Dominum. (*ou bien :*

Dominum). Et ex-ultavit.

*Intonation simple.*

Dixit  Dominus  Domino me-o : * Magni-ficat.  *

HUITIÈME TON.

En G.

Dixit Dominus  Domino me-o : * Sede a dex-

tris me- is. 2. A dextris  me-is.  Magni- ficat. *

En G.                En c.

anima me-a Dominum.  Anima me-a Dominum.

Et exultavit.

*Intonation simple.*

Dixit Dominus Domino me-o. * Magni-ficat.

*Aux Fêtes solennelles :*

Et ex-ultavit  spi-ritus me- us.

## EXEMPLES D'INTONATIONS DIVERSES.

### PREMIER ET SIXIÈME TONS.

Credidi. Be-a-tus vir. Judi-ca me. In

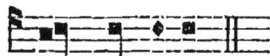

te Domine.

### TROISIÈME TON.

Dixit Dominus. Credidi. Nisi Dominus.

### QUATRIÈME TON.

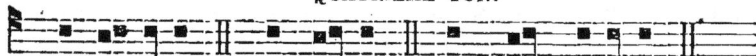

Confi-tebor. Lauda-te. Ad te levavi.

### CINQUIÈME TON.

Dixit Dominus. Judica me. Credidi.

### SEPTIÈME TON.

Ad te levavi. Cre-didi propter.

## MÉDIATIONS.

### DEUXIÈME, CINQUIÈME ET HUITIÈME TONS.

Lucem surgere. Super vos. Locutus sum.

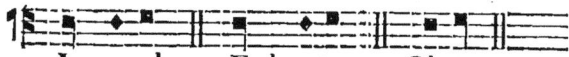

Is-ra-el. Ephrata. Si-on.

### TROISIÈME TON.

Domini, Domino. Domino me-o. Gaudi-o

os nostrum.

4

### QUATRIÈME TON.

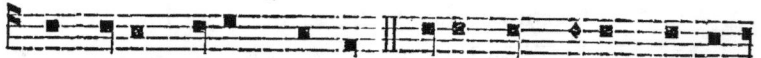

Adduxerunt nos. Locutus sum. Si-on.

Jerusa-lem.

### SEPTIÈME TON.

Domino me-o. Locutus sum. Dominum de

cœlis. Sicut mons Si-on. Dominus super vos.

### FINALES DIVERSES.

### DEUXIÈME TON.

Domo ejus. Iniqui-tatis. Sæculum sæculi.

### TROISIÈME TON.

E-rigens pauperem. Nomen Domini.

### QUATRIÈME TON.

Loquebar pacem de te. Vi-ri sanguinum decli-

nate a me.

### CINQUIÈME TON.

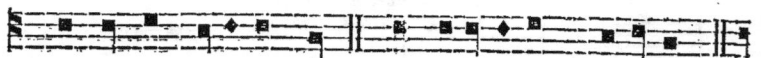

Frumenti sati-at te. Longitudinem di-erum.

Pedum tu-orum.

### SIXIÈME TON.

Iniquis e-ripe me. Depre-catus sum.

Donec transe-am.

### SEPTIÈME TON.

Spi-ritu-i sancto. Anima me-a Domi-num. Frumenti sati-at te.

### HUITIÈME TON.

Luci-ferum genu-i te. Quoni-am su-ave.

Tu-arum ne despi-ci-as. Canticis Si-on. Regem Bazan.

## § 2. De l'Accentuation.

Trois sortes d'accent étaient autrefois en usage dans la langue latine : l'accent *aigu* qui marquait l'éléva-tion, l'accent *grave* qui marquait l'abaissement, et enfin l'accent *circonflexe* qui, étant une combi-naison de l'un et de l'autre, indiquait, pour la même syllabe, l'élévation, puis l'abaissement. Telle est l'ori-gine de la notation neumatique (1).

---

(1) Voir la belle analyse que M. Ludovic Vitet, membre de l'Académie fran-çaise, a donnée des *Etudes sur les anciennes notations musicales de l'Europe*, par M. Th. Nisard, dans le journal des savants, février 1852.

Ces trois accents ont disparu aujourd'hui de la langue liturgique, pour faire place à un seul accent qui porte le nom d'*accent tonique*, et dont le but, d'après un usage déjà bien ancien, est de déterminer non point l'élévation ou l'abaissement de la voix, mais les syllabes sur lesquelles on doit appuyer plus fortement. L'accentuation consiste donc à marquer les syllabes surmontées d'un accent, ou qui devraient l'être typographiquement, par une émission de voix plus forte.

Voici, d'après Dom Jumilhac et le savant ouvrage de M. l'abbé Petit (*Dissertation sur la Psalmodie*), les principales règles concernant l'accentuation latine :

1° Dans tout mot, il y a en général une syllabe qui porte l'accent tonique, et il n'y en a jamais qu'une.

2° Dans les mots de plus de trois syllabes, l'accent ne peut être placé avant l'antépénultième.

3° Deux accents ne doivent jamais être placés immédiatement l'un après l'autre dans toute mélodie purement syllabique, parce qu'une telle prononciation n'est ni naturelle, ni agréable.

4° Les monosyllabes (1) qui se déclinent ou se conjuguent doivent être accentués : *réx, spés, múnda mé, nóster réx, invocavérimus té*, etc.

5° Quand les monosyllabes sont joints par le sens au mot suivant, et que la première syllabe de ce mot

---

(1) L'usage a prévalu de n'accentuer que les mots de trois syllabes au moins ; mais cet usage ne change rien à la règle.

est accentuée, l'on ne met point d'accent sur le monosyllabe dans les chants ou les passages du chant
syllabiques : *rex nóster, te décet, spes méa*, etc.

6° Les monosyllabes qui se rapportent au mot qui
précède, comme *que, ne, ve*, ne portent jamais d'accent,
mais ils attirent toujours l'accent sur la syllabe précédente, qu'elle soit poétiquement longue ou brève :
*terrétque, armáque, meáque, pluítne, illéne*, etc.

Mais on doit remarquer que la syllabe *ne* n'attire
l'accent sur la syllabe précédente, que lorsqu'elle ex-
prime le doute. Ainsi quand elle sert à interroger,
l'accent se place sur l'antépénultième : *tíbine? síccine?
égone?* etc.

7° Dans tous les mots de deux syllabes, c'est la première qui porte l'accent, qu'elle soit poétiquement
longue ou brève : *flóres, Róma, hómo*, etc.

8° Dans les mots de plus de deux syllabes, l'accent
se place sur la pénultième, lorsqu'elle est longue
poétiquement : *antíqui, virtútum, paréntes*, etc., et sur
l'antépénultième, quand la pénultième est brève : *dóminus, princípibus*, etc.

9° Les conjonctions ne doivent recevoir aucun
accent tonique, quand elles sont placées dans l'ordre
naturel du discours.

10° Les prépositions ne reçoivent pas l'accent ;
généralement on les fond dans leur régime, pour n'en
former pour ainsi dire qu'un mot : *de-té, in-té*.

11° Il en est de même des adverbes qui déri-

4 *

vent des pronoms : *eó, illó, illíc, usquequó, donéc*, etc.,
et dans les mots composés d'un monosyllabe apparte-
nant à un verbe : *benedíc, benefác*, etc.

12° Les mots grecs ou hébreux qui conservent leur
forme originale, se prononcent suivant l'accent propre
à la langue à laquelle ils appartiennent : *eléison, eloí,
sabaóth*.

Les syllabes qui ne doivent point porter l'accent
tonique, sont appelées *communes* et *ordinaires*. On
les prononce, en conséquence, sans aucune insistance
vocale. Mais il ne faut point perdre de vue, qu'indépendamment des syllabes *accentuées* et des syllabes
*communes*, il y en a de *faibles* dont la prononciation
est *rapide*. Or, on regarde comme syllabes *faibles* :
1° l'avant-dernière de tout mot qui a l'accent à l'antépénultième *(Dóminus)*; 2° toute dernière syllabe
suivie d'un monosyllabe auquel elle se rattache par
le sens grammatical, pourvu que cette dernière syllabe
finisse par une voyelle, ou bien par un *m* formant
élision avec le monosyllabe *(moti-sunt, bonum est)*; etc.

C'est de ces règles sur l'accentuation, dont on ne
donne ici que les plus essentielles, que sont sortis
certains principes mentionnés plus haut, à l'occasion
des tons psalmodiques, qui veulent que, dans certains
cas, les médiations des deuxième, cinquième et huitième modes soient suspendues, et que les médiations
et terminaisons qui commencent par une élévation, se
fassent sur telle syllabe et non sur telle autre. On voit

par là que ces principes ne sont nullement arbitraires, et qu'il n'est pas indifférent de les respecter ou de les violer.

Les règles qui viennent d'être analysées rapidement, gouvernent aussi tout ce qui, dans les offices liturgiques, se chante et ne se note pas.

## § 3. *Des autres pièces orthophones qui ne se notent pas.*

Ces pièces, avons-nous dit, suivent les règles de l'accent tonique comme le chant des cantiques et des psaumes.

Elles comprennent, pour la messe, le chant des collectes et des postcommunions, celui de l'épître et de l'évangile, et enfin celui des réponses de la préface, du *Pater noster* et du *Pax Domini.*

Dans les autres offices, elles comprennent le chant du capitule, des versets et de leurs réponses, du martyrologe, des oraisons, des absolutions, des bénédictions et des leçons.

Nous allons initier le lecteur à ces chants divers, d'après la nouvelle édition des livres de Digne.

### 1° CHANT DES RÉPONSES

#### DES COLLECTES ET DE LA POSTCOMMUNION.

℣. Dominus vobiscum. ℟. Et cum spiri-tu tu-o.

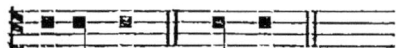

Oremus... Amen.

## 2° CHANT DE L'ÉPITRE.

Lecti-o  Epistolæ  be-ati  Jo-annis  Aposto-li.

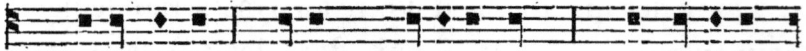

Charissimi :  De-us  charitas est... qui  di-ligit

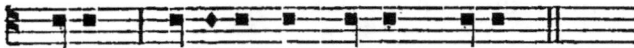

De-um, di-ligat et fratrem su-um.

*Les finales interrogatives se chantent ainsi :*

Quomodo  charitas  De-i  manet  in  e-o ?  Laudo

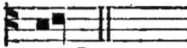

vos ?

*Dans quelques Églises, on chante l'Épître de la manière suivante :*

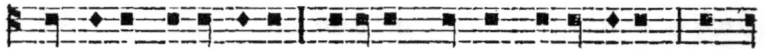

Lecti-o  Epistolæ  be-ati  Pauli  Apostoli  ad

Corinthi-os.  Et ego cum venissem... testimoni-um

Chri-sti.

*Aux points d'interrogation, aux monosyllabes et pour la termi-naison de l'Épître, on observe ce qui sera dit plus loin, à propos du chant de l'Evangile.*

## 3° CHANT DE L'ÉVANGILE.

℣. Dominus vobiscum. ℟. Et cum spi-ritu tu-o.

℣. Sequenti-a sancti Evange-li-i  secundum Lucam.

℟. Glori-a tibi Domine. In illo tempore : Dixit

Jesus Pharisæ-is parabolam hanc : Homo quidam fe-

cit cœnam magnam... gusta- bit cœnam me-am.

Interrogation : Quot panes habetis ?

*Dans quelques Églises, on chante l'Évangile de la manière suivante :*

℣. Dominus vobiscum. ℟. Et cum spiri-tu tu-o.

℣. Sequenti-a sancti Evange-li- i secundum Mat-

thæ-um. ℟. Glori-a tibi Domine. In illo tempore...

Aux points ordinaires : Nomen ejus Jesus.

Aux points d'interrogation : Quid ergo e-rit nobis ?

Pour les monosyllabes : Dixit non sum.

Pour la conclusion finale : Pete- tis et fi-et vo-bis.

4° CHANT DES RÉPONSES DE LA PRÉFACE.

...*Sœculorum*. ℟. Amen. ...*Vobiscum*. ℟. Et cum

spiri-tu tu- o. ...*Corda.* ℞. Habe-mus    ad Domi-

num. ...*Nostro.* ℞. Di-gnum,   et justum est.

*Aux Fêtes simples, aux Féries, aux Messes Votives, aux Messes des Morts, et à la Bénédiction des Rameaux, du Cierge Pascal et des Fonts, on dit :*

...*Sœculorum.* ℞. Amen. ...*Vobiscum.* ℞. Et cum

spiri-tu tu-o. ...*Corda.* ℞. Habemus   ad Dominum.

...*Nostro.* ℞. Dignum, et justum est.

## 5° CHANT DES RÉPONSES

### DU PATER NOSTER ET DU PAX DOMINI.

**PATER NOSTER.**

...*Sœculorum.* ℞. Amen. ...*Tentationem.* ℞. Sed

libera   nos   a ma-lo.

**PAX DOMINI.**

...*Sœculorum.* ℞. Amen.    ...*Vobiscum.* ℞. Et cum

spiri-tu tu-o.

## 6° CHANT DU CAPITULE.

Benedictus De-us, et Pater Domini nostri...

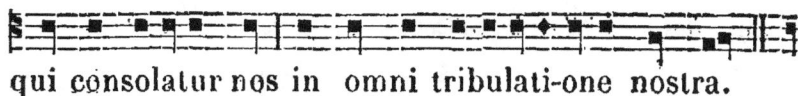

qui consolatur nos in omni tribulati-one nostra.

℟. De-o grati-as.

### 7º CHANT DES VERSETS ET DES RÉPONSES.

#### 1º *A Matines, à Laudes et à Vêpres.*

℣. Amavit e-um Dominus, et orna-vit e-um.
℟. Sto-lam glo-ri-æ induit e-um.

( *ou bien* : e-um).

*Dans quelques églises, on chante ainsi ces Versets :*

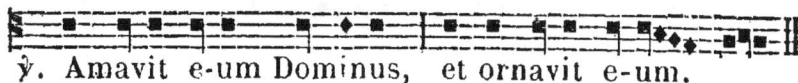

℣. Amavit e-um Dominus, et ornavit e-um.

2º *Aux Mémoires des Fêtes et des Féries, aux Prières des Laudes, des Petites Heures, des Vêpres et des Complies, aux Antiennes finales de la Sainte Vierge, des Litanies des Saints, à la Bénédiction du Saint-Sacrement, etc.*

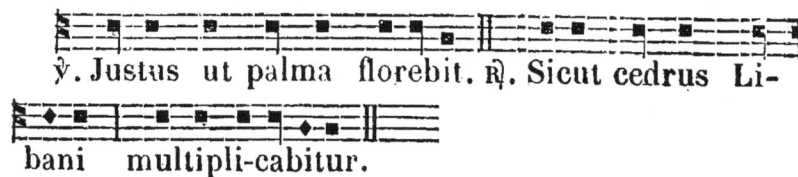

℣. Justus ut palma florebit. ℟. Sicut cedrus Li-

bani multipli-cabitur.

*Dans quelques églises, on chante ainsi :*

℣. Justus ut palma flore-bit. ℟. Sicut cedrus

Libani multipli-ca-bitur.

*Avec des mots hébreux indéclinables ou des monosyllabes :*

℣. Angelis su-is De-us mandavit de te. ℟. In

Bethle-em Juda  civi-tate David.

### 3° A l'Office des Morts et des Ténèbres.

℣. In pa- ce  in  id-i-psum. ℣. Avertantur
℟. Dor-miam et re-qui- es-cam. ℟. Qui  cogitant

retrorsum  et eru-bescant.
. . . . . . . . . . mihi ma-la.

*Dans quelques églises, on chante de cette manière :*

℣. Audivi  vo-cem de cœlo   dicentem mi-hi.
℟. Be- ati mortu- i. . . . .  mo- ri- untur.

### 4° Aux Prières pour les Morts.

Pater noster. ℣. Et ne nos inducas in tentati-

onem. ℟. Sed libera nos  a malo. ℣. A porta in-

feri. ℟. Eru-e Domine   animam ejus.

### 8° CHANT DES ORAISONS.

1° *A la Messe, à Matines, à Laudes et à Vêpres des Fêtes
doubles et semi-doubles, et à la Bénédiction du Saint-
Sacrement.*

Dominus vobiscum. ℟. Et cum  spiritu tu-o.

Orèmus. De-us, qui inter cætera potenti-æ tu-æ

mira cula, eti-am in sexu fragili victori-am

martyri-i contulisti : concede propi-ti-us ; ut qui

be-atæ Catharinæ Virginis et Martyris tu-æ nata-

liti-a colimus, per ejus ad te exempla gradi-amur.

Per Dominum nostrum Jesum Chri-stum fi-li-um

tu-um, qui tecum vivit, et regnat in unitate Spi-

ritus sancti De-us, per omni-a sæcula sæculorum.

℣. Amen.

2° *Aux Fêtes du Rit simple, aux Féries, aux Messes des Morts, aux Petites Heures, aux Complies, à l'Aspersion de l'Eau Bénite, et à la Bénédiction des Cierges, des Cendres, des Rameaux, etc.*

De-us, qui inter apostolicos sacerdotes famu-

lum tu-um Ponti-ficali fecisti dignitate vigere :

præsta quæsumus ; ut e-orum quoque perpetu-o

aggregetur consorti-o. Per Dominum nostrum

Jesum Christum fili- um tu-um, qui tecum vivit et

regnat in unitate Spiritus sancti De-us, per omni-

a sæcula sæculorum. ℞. Amen.

*Il n'y a d'exception que pour les Oraisons des Morts à Matines,
à Laudes, à Vépres et aux Funérailles, que l'on termine ainsi :*

Per Christum Dominum nostrum. ℞. Amen.

### 9° CHANT DES ABSOLUTIONS, DES BÉNÉDICTIONS ET DES LEÇONS.

Exaudi Domine Jesu Christe preces. . . . et

misere-re nobis : qui cum Patre. . . . vivis et

regnas in sæcula sæculorum. ℞. Amen. ℣. Jube

domne benedicere.

Benedicti- one perpetu- a benedicat nos Pater

æternus. ℞. Amen.

Sermo sancti Le-onis Papæ. Salvator noster,

dilec-tissi-mi, hodi-e natus est : gaude-amus. Tu

autem Domine    miserere nobis. ℟. De-o grati- as.

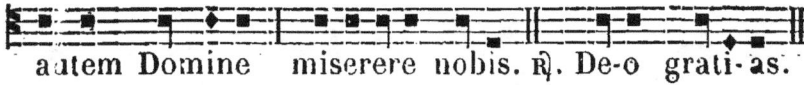

*Pendant les trois derniers jours de la Semaine Sainte et à l'Office des Morts, on termine ainsi :*

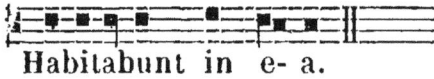

Habitabunt in  e- a.

*Phrase terminée par un monosyllabe ou un nom indéclinable.*

Cecidit  flos.  In di-e Madi-an.  Translatus est.

*Finale des phrases interrogatives.*

Ubi  contristatus ?  Quid di- cam vobis ?

## § 4. *Des Hymnes et des Proses.*

Dans le chant des hymnes, la nouvelle édition de Digne a suivi, non l'accent tonique, mais le rhythme poétique.

Il en résulte que, pour certaines hymnes purement syllabiques, il y a une sorte de mesure musicale qu'on doit bien se garder cependant d'exécuter avec la rigueur de la mesure moderne ; il faut plutôt suivre alors cette mesure d'une manière vague et calme.

Quant aux hymnes dont les syllabes portent plusieurs notes, le danger de glisser dans la musique moderne est moins à craindre : le rhythme alors est forcément approximatif.

### 1° *Hymne du rhythme ïambique.*

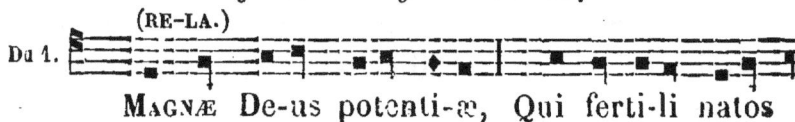

(RE-LA.)

Du 1.

Magnæ De-us potenti-æ, Qui ferti-li natos

aqua Partim relinquis gurgiti,   Partim levas in

a-era.

## 2° *Hymne du rhythme trochaïque.*

(RE-LA.)

Du 1.

Jesu Red-emptor   omni-um,   Quem lucis

ante ori-   ginem Parem paternæ glori-æ Pater

supremus   edidit.

## 3° *Hymne du rhythme asclépiade.*

(LA-UT.)

Du 2 en A.

Festi-vis   resonent  compita vocibus :

Cives læ-titi-am frontibus explicent;  Tœdis flam-

miferis   ordine prode-ant   Instructi pu-e-ri et

senes.

On ne doit pas insister ici davantage sur les différents rhythmes de nos hymnes. On fera seulement
observer que, dans certains cas, la nouvelle édition
de Digne *a italiqué* les voyelles de deux syllabes consé-

cutives, pour montrer qu'il faut glisser plus légèrement sur le chant de ces deux syllabes, afin de ne pas trop interrompre le rhythme du morceau.

Quant au rhythme des proses, il repose, non sur le rhythme poétique, mais sur une imitation de ce rhythme; et ici l'accent tonique est tellement combiné par l'auteur des paroles, que le placement des syllabes accentuées, dans toutes les strophes, engendre un mouvement musical qui se résume toujours dans une mesure *très-largement comprise* à deux ou à trois temps. On peut en voir la preuve dans les quatre proses que contient la nouvelle édition de Digne.

## CHAPITRE VI. (1)

COMPARAISON DE LA TONALITÉ DU PLAIN-CHANT AVEC CELLE DE LA MUSIQUE MODERNE; REMARQUES GÉNÉRALES TOUCHANT LA MANIÈRE D'ACCOMPAGNER LE CHANT LITURGIQUE SUR L'ORGUE.

Dans la musique il n'y a, à proprement parler, que deux gammes. Elles peuvent être plus ou moins élevées

(1) Ce chapitre ne concerne ni les élèves qui bornent leur ambition à lire passablement dans un livre de lutrin, ni MM. les Organistes, nos confrères. Les premiers n'en auraient que faire, et les autres savent aussi bien, et mieux que nous, ce que nous pourrions dire sur cette matière. Mais entre ces deux classes de personnes, il en est une troisième qui nous saura peut-être quelque gré d'avoir dit un mot de l'accompagnement du plain-chant. L'orgue devient de jour en jour moins rare; il n'y aura bientôt plus de paroisse, tant soit peu importante, qui ne possèdera, au moins, un harmonium. Mais ce qui est un peu plus rare, c'est un organiste pour le toucher; le plus souvent, le soin en est confié à un amateur de piano, qui pourra être très-habile sur son instrument, mais qui sera incapable d'accompagner trois notes de plain-chant. Il ira essayant, par-ci par-là, quelque tierce; mais il arrivera presque toujours à la fin du morceau, avant qu'il ait pu saisir le ton.
Quoique bien succinct, ce chapitre suffira, nous l'espérons, pour le mettre sur la voie.

dans l'échelle des sons ; mais les tons et les demi-tons dont elles sont composées, sont invariablement placés dans le même ordre : pour la gamme majeure, deux tons, un demi-ton, trois tons, un demi-ton ; et pour la gamme mineure, un ton, un demi-ton, quatre tons, un demi-ton ; de sorte que les vingt-quatre gammes du système se réduisent à deux. Dans le plain-chant, au contraire, il y a autant de gammes différentes qu'il y a de modes, parce que le genre étant diatonique, les demi-tons se trouvent toujours entre *mi-fa*, et *si-ut* ou *la-si*, suivant les exigences de la quarte. Il n'y a dans la tonalité de la musique moderne, que trois caractères distinctifs : la tonique, plus ou moins élevée, sa tierce tantôt majeure, tantôt mineure, et le septième degré, enfin, qui est toujours d'un demi-ton et qui forme la note qu'on appelle *sensible*. Dans le plain-chant, chacun des huit modes a une constitution particulière et un genre d'expression différent. La dominante se trouvant tantôt à la tierce, tantôt à la quarte, à la quinte et même à la sixte au-dessus de la finale, produit des effets si variés et une telle richesse d'expression que, malgré la marche si simple de ses mélodies et leur peu d'étendue, le chant grégorien l'emporte ici de beaucoup sur la musique moderne.

Le plain-chant, par sa constitution et son caractère grave, n'admet qu'une harmonie consonnante. Il faudra donc, pour l'accompagner selon les principes de sa tonalité, s'interdire les accords dissonants, les

accords de sensible surtout , parce que l'échelle diatonique, n'a pas, en général, de note sensible. Ce point
très-important est un écueil pour tous les organistes
qui ne se sont pas bien pénétrés de la tonalité grégorienne. S'ils ont à accompagner la messe de Dumont,
par exemple, ils ne manqueront pas de placer sous l'*ut*
qui se trouve entre deux *ré*, dans le *Kyrie* du premier
mode, un accord de septième de dominante dans le ton
de *ré* mineur ; il résultera de là que les chantres feront
forcément l'*ut* dièse et dénatureront ainsi le caractère
du plain-chant. Cet inconvénient peut se présenter à
chaque instant, attendu qu'il n'y a que le cinquième
et le sixième mode qui, par la disposition de leur
échelle, aient la note sensible.

En conséquence, le pianiste qui voudrait accompagner le plain-chant, devra commencer par en étudier
sérieusement les principes, les éléments constitutifs
des modes, la note qui domine, celles sur lesquelles
on peut faire un repos et qui doivent, par conséquent,
porter un accord parfait. Il y a, dans chaque mode,
une expression particulière, une constitution à part
dont la musique moderne, avec ses deux modes invariables, ne saurait donner l'idée.

Mais comment, avec des accords purement conson-
nants, faire un accompagnement agréable et varié ?
Nous répondrons sans hésiter, que ce n'est pas la
richesse, ou plutôt, l'abondance des éléments qui peut
rendre une harmonie riche et variée, mais bien la

manière de les disposer et de s'en servir. Voyez Palestrina dans son immortel *Stabat ;* vous trouverez tout au plus cinq ou six accords différents ; et pourtant, depuis près de trois siècles que ce chef-d'œuvre existe, on n'a rien fait en ce genre qui puisse lui être comparé.

L'accompagnateur devra encore se familiariser avec la transposition. Les huit modes du plain-chant, comprenant, suivant leur notation, une étendue de deux octaves, il faudra réduire leur échelle à un diapason moyen, c'est-à-dire, entre le *si b* d'en bas et le *ré* d'en haut ; pour les psaumes, la dominante peut varier du *sol* au *si b* , suivant le degré de solennité qu'on veut donner au chant. On suivra, à cet égard, l'usage de chaque paroisse.

Nous espérons que ces quelques lignes suffiront, non pour initier complétement le pianiste aux secrets de l'accompagnement du plain-chant, mais pour lui suggérer l'idée de faire, sur cette matière, des études sérieuses ; « car, a dit un homme fort compétent, il est difficile de bien accompagner le chant grégorien, selon la méthode des vrais principes ; et pour plier l'harmonie aux exigences de l'échelle diatonique, il faut toujours de l'étude et de la réflexion. »

FIN.

# TABLE.

—

### CHAPITRE I.

### CHAPITRE II.

### CHAPITRE III.

### CHAPITRE IV.

### CHAPITRE V.

### CHAPITRE VI.

**FIN DE LA TABLE.**

DIGNE, TYPOGRAPHIE VIAL, COURS DES ARÈS, 5, ET RUE CAPITOUL, 5.

163

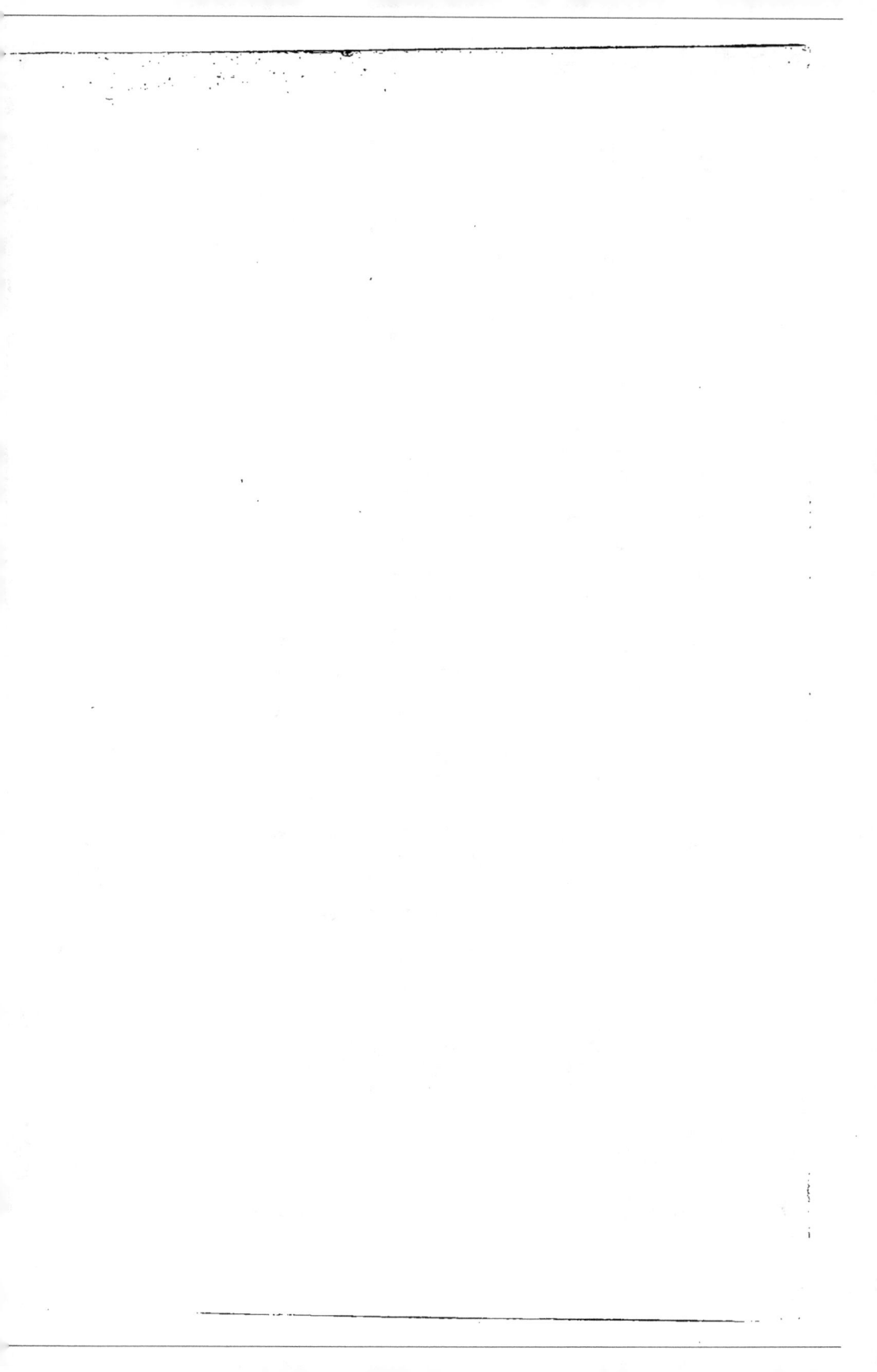

## EN VENTE.

| | |
|---|---|
| GRADUEL. in-folio , en feuilles. | 26 » |
| ANTIPHONAIRE, id. id. | 26 » |
| PSAUTIER, id. id. | 16 » |
| Reliure en basane, chaque volume. | 10 » |
| — avec clous, coins et fermoir. | 18 » |
| GRADUEL in-4°, broché. | 12 » |
| VESPERAL, id. id. | 12 » |
| Les mêmes volumes, reliés en basane. | 15 » |
| — avec clous, coins et fermoir. | 18 50 |
| GRADUEL, in-12, broché. | 3 50 |
| VESPERAL , id. id. | 3 50 |
| Les mêmes, reliés en basane. | 4 25 |
| — gaufrés, tranche dorée. | 6 50 |
| MISSEL DES MORTS, en feuilles. | 3 » |
| Le même, relié en mouton noir. | 5 » |
| OFFICIUM DEFUNCTORUM, etc., grand in-12, broché. | 1 50 |

Cette brochure, imprimée en beaux caractères, sur papier glacé, contient les prières des Funérailles , l'Office complet et la Messe des Morts.

| | |
|---|---|
| PROPRE DES MORTS, etc., grand in-12, broché. | 0 75 |

Cette brochure, même format et même papier que la précédente, contient, avec les rubriques en français, les prières des Funérailles avec la Messe et les Vêpres des Morts.

| | |
|---|---|
| PASSIONS NOTÉES, en feuilles. | 2 » |
| Les mêmes, cartonnées. | 3 » |

### EN SOUSCRIPTION.

GRADUEL , ANTIPHONAIRE et PSAUTIER in-folio maxime, de 80 sur 56 centimètres, *livre ouvert*, caractères neufs, fondus exprès, texte corps 30, plain-chant corps 64, grandes lettres ornées, etc. — Les trois volumes en feuilles.    250 »

| | |
|---|---|
| Les mêmes, reliés en mouton de couleur, avec clous, coins et double fermoir. | 300 » |
| — reliés en chagrin. | 330 » |

N. B. On ne tirera que le nombre d'exemplaires demandés par les souscripteurs.

### On trouve à la même adresse :

| | |
|---|---|
| PROCESSIONAL Romain, in-12 (1855), rel. pr. en bas. | 4 » |
| RITUEL Romain, in-18, très-complet (1855), rel. pr. en bas. | 2 50 |
| PAROISSIEN Noté des Fidèles, gros in-18 (1857). rel. pr. | 2 50 |

DIGNE, TYPOGRAPHIE VIAL.

www.ingramcontent.com/pod-product-compliance
Lightning Source LLC
La Vergne TN
LVHW050646090426
835512LV00007B/1060